Günther Flemming

Register

zu den Lieferungen 1 bis 50
des Bargfelder Boten

edition text + kritik

CIP-Kurztitelaufnahme der Deutschen Bibliothek

Bargfelder Bote / Register
Register zu den Lieferungen ... des Bargfelder Boten. — München: Edition Text u. Kritik
(Sonderlieferung des Bargfelder Boten)
Lfg. 1/50. — 1981.
ISBN 3-88377-083-3

Gesamtherstellung: Druck-Herstellung Klaus Lohse, München
ISBN 3-88377-083-3

Vorwort

Vor 10 Jahren, in Bargfeld im Frühling, im Dunstkreis zwar, doch diesseits von Zaun & Hecke, beschlossen 5 Leser, Jörg Drews, Günther Flemming, Jürgen Fritsch, Wolfram Schütte und Hartwig Suhrbier, haidbündlerisch gestimmt, nachdem sie kurz in das gerade ausgelieferte neue Buch, Das Große Buch, das zettelTRUMM, geblickt hatten, die Producte ihrer Arno-Schmidt-Manufacturen in einen Topf zu werfen; und richtig: ein paar Tage später las ein teils amüsiert-erstauntes, teils verärgert-ungläubiges Publikum von der Gründung eines pompös so benannten ARNO-SCHMIDT-DECHIFFRIER-SYNDIKATes. (Jost Nolte erfuhr es etwas eher. Er hatte sein Urteil über eben dieses Buch erklärterweise bereits vor der Lektüre fertig gehabt. Und zum Druck befördert. So verschieden konnte man darauf reagieren. (Das Blatt ging ein. N. ist heute Schriftsteller. Bei S. Fischer. Ausgerechnet. Life is stranger than fiction; oder, Es geht nirgendwo so wunderlich zu wie in der Welt (der Literatur).))

Jene Meldungen also, in seriösen Zeitungen veröffentlicht und gespielt wichtigtuerisch formuliert, mithin, wie die Reaktionen zeigten, mit großer Marktkenntnis abgefaßt, verschafften den Sündikatern eine Publizität, die — egal, wie heftig oder begeistert man sich Luft machte ob dieses Windes — mit dazu beitrug, daß das WahnsinnsProjekt BARGFELDER BOTE zwei Buchmessen später erscheinen konnte.

Begrüßt wurde das erste Heft als Curiosum: Eine Art Mitteilungsblatt für eine kleine Schar von Schwerbegeisterten („dritte Wurzel aus P", lautete der individuumsschutzamtliche Näherungswert für ihre Anzahl), für die wenigen, die bei „Bargeld" stets zweimal hinschauen müssen, weil sie beim ersten Mal natürlich „Bargfeld" lesen. Und — das erst machte ja die Curiosität complett —: Schmidt lebte noch! und war nichts weniger als ein Monument seiner selbst.

Und wie's da drin aussah: Lieferung 1: Kurz- und Kürzestbeiträge, jeder mit einer Signatur am Schluß versehen, auf einseitig bedruckten Blättern: der kümmerliche Anfang eines Zettelkastens im Werden (DER SPIEGEL brachte gleich nach Erscheinen eine Hochrechnung, wie lange man noch brauchen würde, wollte man . . .). : „Aus Zetteln sind sie gemacht, Seine Bücher, zu Zetteln sollen sie wieder werden", stand unausgesprochen als Motto über diesem Beginnen. Lieferung 2 war dann schon beidseitig bedruckt; Lieferung 3 enthielt den ersten längeren Beitrag, Lieferung 14 den ersten einzelwerkübergreifenden; und ab Lieferung 16 sind die Hefte auch paginiert. Obwohl immer noch Signaturen mitgedruckt werden, ist es mit der Verzettelbarkeit längst vorbei, die Übernahme in den eigenen Notizenvorrat allein mit Hilfe von Schere & Klebstoff war schon seit langem unmöglich: Ein Register mußte her: Hier ist es.

Leinfelden-Echterdingen, im Jahre 11 n. ZT — Günther Flemming

Hinweise zur Benutzung

Dieses Register soll den Umgang mit den ersten 50 Lieferungen des Bargfelder Boten erleichtern. Die Spannweite der Beiträge in Umfang, Anspruch und Qualität weist den BB als ein philologisches Hilfsorgan aus, das seiner Natur nach kein Register erfordert, das wissenschaftlichen Ansprüchen genügte. Das vorliegende Register enthält deshalb ein Inhaltsverzeichnis und einen Fundstellennachweis sowie einige kleinere Register dazu. Es enthält nicht: ein Register der behandelten Themen, ein Personenregister, ein Quellenregister.
Die Werke Arno Schmidts sind im allgemeinen in denjenigen Ausgaben aufgeführt, welche in den Anmerkungen genannt (oder gemeint) sind. Umrechnungen auf Standardausgaben wurden nicht vorgenommen. Ausnahmen: Hinweise auf die Taschenbuchausgabe von ‚KAFF / auch / MARE CRISIUM' sind, wegen der Seitengleichheit mit der Originalausgabe bei dieser mit aufgeführt (mit Zusatz [FTB 1080]); Hinweise auf ‚Evening Edged in Gold' sind, aus dem gleichen Grund, bei ‚Abend mit Goldrand' aufgeführt (mit Zusatz [Evening]). Die meisten Ausgaben sind paginiert; einzelne nicht paginierte Seiten wurden bei Bedarf ergänzt und sind in eckige Klammern gesetzt. Veröffentlichungen in Zeitungen werden ohne Seitenzahlen zitiert.
Die Lieferungen des BB werden kurz als Lfg. 1, Lfg. 2, . . ., Lfg. 5–6 (Doppellieferung), . . ., Lfg. 28–30 (Dreifachlieferung), . . . bezeichnet. Die Lieferungen 1 bis 15 sind unpaginiert, so daß Seitenzahlen durch Abzählen ermittelt werden mußten. Die vordere Umschlagseite zählt dabei stets als S. (1). Alle Seitenzahlen dieser Lieferungen sind in runden Klammern wiedergegeben. Den Benutzern des Registers wird empfohlen, ihre Exemplare dieser Lieferungen nachträglich von Hand zu paginieren. Die übrigen Lieferungen sind paginiert. Einzelne nicht paginierte Seiten wurden bei Bedarf ergänzt und sind in eckige Klammern gesetzt.
Fundstellen im Sinne des Fundstellennachweises (als dem Kernstück dieses Registers) sind alle hinreichend genau bezeichneten Passagen in Werken Arno Schmidts in jeweils bestimmten Ausgaben. Nachgewiesen sind alle Dechiffrierungen, Kommentare, Hinweise und Zitate in den Lfg. 1 bis 50, die ausdrücklich auf bestimmte Fundstellen bezogen sind. In einigen Fällen wurden fehlende Fundstellenangaben ergänzt, in einigen anderen Fällen wurden falsche Angaben korrigiert; im Einzelfall ist in eckigen Klammern darauf hingewiesen.
Einzelheiten zur Notation im Fundstellennachweis: Auf einer Seite des BB mehrfach genannte Fundstellen sind jeweils nur einmal aufgeführt. Eine Ausnahme hiervon machen Ausführungen, zu denen Ergänzungen in Fuß-

noten angeschlossen sind; diese sind mit beiden Seitenzahlen und der Nummer der Fußnote bezeichnet (z. B.: Kommentar auf S. 6, Fußnote Nr. 24 auf S. 15; Notation: S. 6/15[24]). Ausführungen im BB, die über eine Seite hinausgehen, sind nur mit der ersten Seite aufgeführt. Fundstellen, die über eine Seite hinausgehen, sind mit der ersten und mit der letzten Seite, verbunden durch „bis“ (in Buchstaben), aufgeführt; für ‚ZETTEL'S TRAUM‘ gilt dies auch entsprechend für Teile von Seiten.
Ungeläufige Abkürzungen wurden nicht verwendet; außer allgeläufigen erscheinen nur: BB (für: Bargfelder Bote), Lfg. (für: Lieferung) und Bock (für: Hans-Michael Bock, „Bibliografie Arno Schmidt 1949–1978“).
Trotz großer Sorgfalt der Bearbeitung sind Fehler und Lücken nicht ganz auszuschließen. Hinweise hierauf nimmt der Bearbeiter entgegen (Anschrift: Günther Flemming, Talstraße 18, 7022 Leinfelden-Echterdingen 1).

Inhaltsübersicht

1. Kurzbeschreibung der Lieferungen

Die einzelnen Lieferungen haben keine Inhaltsübersichten, was bei dem geringen Umfang ja auch unnötig ist. Damit die 34 Hefte mit ihren rund 800 Seiten insgesamt besser überschaubar werden, ist dem eigentlichen Kernstück, dem Fundstellennachweis, eine Kurzbeschreibung vorangestellt. Dabei ist die Form eines Verzeichnisses gewählt worden (bei der die Reihenfolge im Druck die Reihenfolge in der Übersicht bestimmt), weil anders ein Gesamtüberblick nicht sinnvoll herstellbar wäre: Die titellosen Kurzbeiträge, die das Gesamterscheinungsbild prägen, lassen eine alphabetische Auflistung nicht zu; und eine Anordnung nach den behandelten Themen, d. h. hier: nach den Werken Arno Schmidts bzw. den Ausgaben dieser Werke, würde zu weitgehenden Überschneidungen mit den Listen im Teil 2 führen.

1.1. Bibliografische Angaben

Die folgenden Angaben ergänzen die Kurzbibliografie bei Bock (2.0.0). Auf Angaben zur äußeren Gestalt wurde verzichtet.

Titel:	Bargfelder Bote
Untertitel:	Materialien zum Werk Arno Schmidts [Lfg. 1, vordere Umschlagseite]
	Materialien zum Werk Arno Schmidts [Lfg. 1, Impressum; Lfg. 2 bis 50]
Herausgeber:	Herausgegeben von Jörg Drews in Zusammenarbeit mit dem Arno-Schmidt-Dechiffriersyndikat [Lfg. 1 bis 4]
	Herausgegeben von Jörg Drews in Zusammenarbeit mit dem Arno-Schmidt-Dechiffrier-Syndikat [Lfg. 5–6 bis 10]
	Herausgegeben von Jörg Drews (8 München 80, Gaisbergstraße 16) in Zusammenarbeit mit dem Arno-Schmidt-Dechiffrier-Syndikat [Lfg. 11–13 bis 14]
	Herausgegeben von Jörg Drews (Gaisbergstraße 16, 8 München 80) in Zusammenarbeit mit dem Arno-Schmidt-Dechiffrier-Syndikat [Lfg. 15]
	Herausgegeben von Jörg Drews (Gaisbergstraße 16, 8000 München 80) in Zusammenarbeit mit dem Arno-Schmidt-Dechiffrier-Syndikat [Lfg. 16 bis 49]
	Herausgegeben von Jörg Drews (Gaisbergstraße 16, 8000 München 80) in Zusammenarbeit mit redaktionellen Beratern [Lfg. 50]
	Herausgeber: Jörg Drews, 8 München 80, Gaisbergstraße 16 [Lfg. 1 bis 10; jeweils als zusätzliche Angabe]
Verlag:	EDITION TEXT + KRITIK, Richard Boorberg Verlag, 8 München 80, Levelingstraße 8 [Lfg. 1 bis 5–6]
	EDITION Text + KRITIK, Richard Boorberg Verlag, 8 München 80, Levelingstraße 8 [Lfg. 7–8]
	edition text + kritik, Richard Boorberg Verlag,

8 München 80, Levelingstraße 8 [Lfg. 9]
edition text + kritik GmbH, 8 München 80, Postfach 800529 [Lfg. 10 bis 15]
edition text + kritik GmbH, Postfach 800529, 8000 München 80 [Lfg. 16 bis 50]

ISBN: ISBN 3-921402-50-6 [Lfg. 21–22 bis 50; der „Bargfelder Bote" ist demnach als Buch qualifiziert, nicht als Zeitschrift (sonst hätte er eine ISSN), und zwar als 1 Buch (mit 1 Nummer für alle Lieferungen)]

Erscheinungsweise: Die einzelnen Lieferungen erscheinen in unregelmäßiger Folge, etwa vier Hefte pro Jahr. Die Berechnung erfolgt jeweils für vier Hefte mit zusammen DM 15,–, zuzüglich Versandkosten. [Lfg. 1 bis 4]
Die einzelnen Lieferungen erscheinen in unregelmäßiger Folge, etwa vier pro Jahr. Die Berechnung erfolgt jeweils für vier Lieferungen mit zusammen DM 15,–, zuzüglich Versandkosten. [Lfg. 5–6 bis 16]
[. . .] DM 18,– [. . .] [Lfg. 17–18 bis 31]
[. . .] DM 20,– [. . .] [Lfg. 32–33 bis 46–48]
[. . .] DM 22,– [. . .] [Lfg. 49 bis 50]

Druck: Gesamtherstellung: Johannesdruck Hans Pribil KG, München [Lfg. 11–13 bis 49]
Druck-Herstellung: Klaus Lohse, München [Lfg. 50]

1.2. Verzeichnis der Inhalte der einzelnen Lieferungen

Jede Lieferung wird nach dem gleichen Schema beschrieben: 1) Nummer der Lieferung, Erscheinungsmonat und -jahr, Thema; 2) Autoren; 3) Inhalt. Zu den Autorenangaben folgt im nächsten Abschnitt eine alphabetische Gesamtliste.

Lieferung 1/Sept. 72: Zettels Traum I
Autoren
Hans-Michael Bock (= H.M.B.)
Jörg Drews (= J.Dr.)
Günther Flemming (= G.F.)
Hermann Veit (= H.V.)
Robert Wohlleben (= R.W.)
Inhalt
Vorbemerkung: Die Lieferung ist unpaginiert und im Hauptteil nur einseitig bedruckt. Zitiert werden die Seiten, mit einer Hilfspaginierung, als S. (1) bis (16), wobei die vordere Umschlagseite als S. (1) gezählt wird; unbedruckt sind die Seiten (6), (8), (10), (12), (14) und (16).
S. (3) bis (4) Zum ersten Heft
[Signatur: München, den 16. Juni 1972 Der Herausgeber]
S. (5) bis (15) [Einzelanmerkungen zu „Zettels Traum"]

Lieferung 2/Jan. 73: Zettels Traum (II)
Autoren
Bert Blumenthal (=B.B.)
Hans-Michael Bock (= H.M.B.)
Karl H. Brücher (= K.H.B.)
Jörg Drews (= J.Dr.)
Rolf Fielenbach (= R.F.)
Marcus Houtermans (= M.H.)
Dieter Kuhn (= D.K.)
Helmut Schwimmer (= H.S.)
D. St. [Name fehlt in der Autorenliste (es handelt sich um Dieter Stündel); Abkürzung erscheint in mehreren Signaturen]
Inhalt
Vorbemerkung: Die Lieferung ist unpaginiert. Zur Zitierweise vgl. die Vorbemerkung zu Lfg. 1.
S. (3) Zur zweiten Lieferung
S. (3) bis (15) [Einzelanmerkungen zu „Zettels Traum]

Lieferung 3/Juni 1973: Caliban über Setebos (I)

Autor

Robert Wohlleben

Inhalt

Vorbemerkung: Vgl. Vorbemerkung zu Lfg. 2.

S. (3) bis (15)	[Robert Wohlleben] Götter und Helden in Niedersachsen Über das mythologische Substrat des Personals in „Caliban über Setebos“
[darin: S. (14)	Appendix I Anhang: „Caliban über Setebos“ im Fischer-Taschenbuch „Orpheus“
S. (15)]	Varianten der Ausgabe von 1970 gegenüber dem Erstdruck von 1964
S. (16)	BARGFELDER BOTE Im Spiegel der Presse

Lieferung 4/Sept. 1973: Kaff (I)

Autoren

Hartmut von Essen

Helmut Brokmeier (= He. Br.)

Jörg Drews (= J. Dr.)

Inhalt

Vorbemerkung: Vgl. Vorbemerkung zu Lfg. 2.

S. (3) bis (10)	[Hartmut von Essen] ZUM RUSSISCHEN IM „KAFF“
[darin: S. (10)]	OFFENE FRAGEN
S. (10) bis (15)	[Einzelanmerkungen zu „Kaff“]

Lfg. 5–6/Nov. 1973: Caliban über Setebos (II)

Autoren

Joachim Kaiser

Robert Wohlleben

Inhalt

Vorbemerkung: Vgl. Vorbemerkung zu Lfg. 2.

S. (3) bis (14)	[Joachim Kaiser] DES SENGERS PHALL Assoziation, Dissoziation, Wortspiel, Spannung und Tendenz in Arno Schmidts Orpheus-Erzählung „Caliban über Setebos“ – Eine Nachprüfung –
S. (15) bis (18)	[Robert Wohlleben] Übersicht:

	RILKES „SONETTE AN ORPHEUS“ IM ZITAT BEI ARNO SCHMIDT (Caliban über Setebos)
S. (19) bis (20)	[ders.]
	PERSONAL IN „CALIBAN ÜBER SETEBOS“
S. (21) bis (23)	[ders.]
	ERLÄUTERUNG EINZELNER STELLEN
S. (23)	[o. T. / Hinweis auf Magisterarbeit]

Lfg. 7–8/Mai 1974: Schule der Atheisten (I)
Autoren
Hans-Michael Bock (= H. M. B.)
Jörg Drews
Gerhard K. Friesen (= G. K. F.)
Gerd Hartmann (= G. H.)
Uwe Kähding (= U. K.)
Dieter Kuhn (= D. K.)
Hartmut Kusen (= H. K.) [Name steht in der Autorenliste; Abkürzung erscheint in keiner Signatur – Monsieur X.?]
Johannes Mißlbeck (= J. M.)
Klaus Jürgen Pauler (= K. J. P.)
Leibl Rosenberg (= L. R.)
Helmut Schwimmer (= H. S.)
Rudi Schweikert (= R. S.)
Peter Sinram (= P. S.)
Fritz Otto Wiede (= F. O. W.)
X. [„Bei einigen Einsendungen konnte der Autor nicht mehr festgestellt werden; sie sind deshalb mit „X.“ gekennzeichnet.“ – Bemerkungen des Herausgebers, S. (37)]
Redaktionelle Mitarbeit
Hans-Michael Bock
Inhalt
Vorbemerkung: Vgl. Vorbemerkung zu Lfg. 2.

S. (3) bis (7)	D. K.
	„DIE SCHULE DER ATHEISTEN“ UND JULES VERNES „SCHULE DER ROBINSONS“
S. (8) bis (9)	D. K.
	DIE „SCHULE DER ATHEISTEN“ UND LUDWIG TIECKS „VOGELSCHEUCHE“
S. (10) bis (11)	[div. Autoren]
	ZUM „COMÖDIENZETTEL“
S. (12) bis (17)	[div. Autoren]
	MUSIKALISCHE ANSPIELUNGEN
S. (18) bis (37)	[div. Autoren]

	EINZELNE ERLÄUTERUNGEN
S. (37)	J. Dr.
	Bemerkungen des Herausgebers: [1) vgl. Autorenangabe „X.“; 2) Bitte um sorgfältige Zitatnachweise; 3) Hinweis auf Magisterarbeit]
S. (38)	[Anzeige der edition text + kritik]
S. (39)	[Anzeige von: Dieter Stündel, „Register Zettels Traum“]

Lfg. 9/Oktober 1974: Zettels Traum (III)

Autor

Jörg Drews

Inhalt

Vorbemerkung: Vgl. Vorbemerkung zu Lfg. 2.

S. (3) bis (16)	[Jörg Drews]
	ARNO SCHMIDT: „ZETTELS TRAUM“, SEITE 1 (ZT 4). EIN KOMMENTAR

Lfg. 10/Januar 1975: Die Wasserstraße (I)

Autorin

Brigitte Degener (= B. D.)

Inhalt

Vorbemerkung: Vgl. Vorbemerkung zu Lfg. 2.

S. (3) bis (18)	[Brigitte Degener]
	ARNO SCHMIDT: DIE WASSERSTRASSE
S. (19) bis (22)	[dies.]
	DECHIFFRIERTE TEXTSTELLEN:
S. (23)	[dies.]
	NICHT DECHIFFRIERTE TEXTSTELLEN:
S. (23)	J. Dr.
	Bemerkungen des Herausgebers: [Bitte um Mitteilung über wissenschaftliche Arbeiten]

Lfg. 11–13/September 1975: Zettels Traum (IV)

Autoren

Hans-Michael Bock (= HMB)

Reinhart Herzog (= RH)

Monika Marsmann (= MM)

Redakteur

Hans-Michael Bock

Inhalt

Vorbemerkung: Vgl. Vorbemerkung zu Lfg. 2.

S. (3) bis (39)	[Einzelanmerkungen zu „Zettels Traum“]

Lfg. 14/Dezember 1975: Antike-Rezeption (I)
Autor
Reinhart Herzog
Inhalt
Vorbemerkung: Vgl. Vorbemerkung zu Lfg. 2.

S. (3) bis (27)	[Reinhart Herzog] GLAUCUS ADEST Antike-Identifizierungen im Werk Arno Schmidts

Lfg. 15/Februar 1976: Proust bei Schmidt
Autor
Reinhard Finke
Inhalt
Vorbemerkung: Vgl. Vorbemerkung zu Lfg. 2.

S. (3) bis (15)	[Reinhard Finke] Marcel Proust bei Arno Schmidt
[darin: S. (14) bis (15)]	Anhang: Die Proust-Zitate in Schmidts „Zettels Traum“. Anmerkungen zur Zitierweise.
S. (15)	Notiz des Herausgebers: [Verzicht auf Eingangsbestätigung für Einsendungen]

Lfg. 16/April 1976: Leviathan (I)
Autor
Dieter Kuhn (= D. K.)
Inhalt

S. 3 bis 23	[Einzelanmerkungen zu „Leviathan“]

Lfg. 17–18/Oktober 1976: Kaff (II)
Autoren
Kurt Scheel (= K. S.)
Susi Ramm (= S. R.)
Jörg Drews (= J. Dr.)
Michael Minden (= Mi. M.)
Reinhart Herzog (= R. H.)
Barbara Wehr (= B. W.)
Fritz Otto Wiede (= F. O. W.)
M. M. [Name fehlt in der Autorenliste; Abkürzung erscheint in einer Signatur – Druckfehler statt Mi. M.? oder = Monika Marsmann (Lfg. 11–13)?]
Inhalt

S. 3 bis 28	[Einzelanmerkungen zu „Kaff“]
S. 29 bis 30	K. S. SILESIANISMEN IN KAFF

S. 31 Anmerkungen des Herausgebers: [1) Bitte um Ergänzung der „Bibliografie"; 2) Hinweis auf geplante Hefte zu „Kaff" und „Abend mit Goldrand"]

Lfg. 19/Februar 1977: Joyce und Schmidt
Autor
Jörg Drews
Inhalt

S. 3 bis 14 [Jörg Drews]
WORK AFTER THE "WAKE", OR:
A FIRST LOOK AT THE INFLUENCE OF JAMES JOYCE ON ARNO SCHMIDT

S. 15 Anmerkungen des Herausgebers: [1) Bitte um weitere Einsendungen, Meldungen über wissenschaftliche Arbeiten und Ergänzungen der „Bibliografie"; 2) Notiz zur Untersuchung der Leserschaft Arno Schmidts]

Lfg. 20/April 1977: Kaff (III)
Autoren
Günther Flemming (= G. F.)
Jörg Drews (= J. Dr.)
Rudi Schweikert (= R. S.)
Inhalt

S. 3 bis [20] [Einzelanmerkungen zu „Kaff"]

S. [20] Anmerkung des Herausgebers: [Hinweis auf die Hesse-Ausstellung in Marbach]

Lfg. 21–22/Juni 1977: Brand's Haide / Schwarze Spiegel
Autoren
Heinz Hofmann (= H. H.)
Jörg Drews (= J. Dr.)
Inhalt

S. 3 bis 15 [div. Autoren]
Brand's Haide

S. 15 bis 23 [div. Autoren]
Schwarze Spiegel

S. 23 Klaus Seehafer
Anmerkung: [Hinweis auf Fouqué, „Romantische Erzählungen", Winkler-Verlag]

Lfg. 23/August 1977: Kaff (IV)
Autoren
Wolfram Benda [= W. B.]

Jörg Drews [= J. Dr.]
K. W. Egan [= K. W. E.]
Günther Flemming [= G. F.]
Reinhart Herzog [= R. H.]
Josef Huerkamp [= J. H.]
Barbara Malchow [= B. M.]
Rudi Schweikert [= R. S.]
Gereon Wolters [= G. W.]
J. J. [Name fehlt in der Autorenliste; Abkürzung erscheint in mehreren Signaturen]

Inhalt

S. 3 bis 21	[Einzelanmerkungen zu „Kaff“]
S. 22	Hinweis des Herausgebers: [Bitte um Meldungen über wissenschaftliche Arbeiten]
S. [23]	[Anzeige der edition text + kritik mit Schmidt-Zitaten]

Lfg. 24–25/Oktober 1977: Zettels Traum (V)

Autoren
Michael Chrapkowski (= M. C.)
Jörg Drews (= J. Dr.)
Rolf Fielenbach (= R. F.)
Jochen Friesenhahn (= Jo. Fr.)
Georg H. Peters (= G. H. P.)
Lenz Prütting (= L. P.)
Werner Schmitz (= We. Sch.)
Michael Schneider (= M. Sch.)
Rudi Schweikert (= R. S.)

Inhalt

S. 3 bis 10	L. P. GALLENBILDUNG ALS LITERARISCHES STRUKTURPRINZIP IN ZT
S. 10 bis 12	L. P. LAFONTAINE-BEZÜGE IN ZT
S. 12 bis 13	L. P. DIE SPRACHE VON TSALAL
S. 13 bis 15	L. P. EINIGE ASPEKTE DES „WAHNWELT“-MOTIVS IN ZT
S. 15	L. P. ZU DEN „ALTEN MOTIEWEN“ IN ZT
S. 16 bis 32	[div. Autoren] ERLÄUTERUNGEN ZU EINZELSTELLEN

Lfg. 26/Dezember 1977: Kurd Laßwitz bei Arno Schmidt

Autor

Rudi Schweikert

Inhalt

S. 3 bis 23 — [Rudi Schweikert]
"KO BATE!".
KURD LASSWITZ' ROMAN „AUF ZWEI PLANETEN" IM WERK ARNO SCHMIDTS.
NEBST EINIGEN ANMERKUNGEN ZUR SCHMIDTSCHEN ZITIERKUNST UND ZU SEINEM REALITÄTSVERSTÄNDNIS

S. 23 — Anmerkung des Herausgebers: [Bitte um Einsendungen zur „Schule der Atheisten"]

Lfg. 27/Februar 1978: Joyce und Schmidt

Autor

Fritz Senn

Inhalt

S. 3 bis 14 — [Fritz Senn]
„ENTZIFFERUNGEN & PROBEN"
"FINNEGANS WAKE" IN DER BRECHUNG VON ARNO SCHMIDT

S. 15 — Hinweis des Herausgebers: [Hinweis auf ein Treffen]

Lfg. 28–30/März 1978: Schefer, Wieland und Schmidt

Autor

Dieter Kuhn

Inhalt

S. 3 bis 34 — [Dieter Kuhn]
EINIGE ANMERKUNGEN ZU ARNO SCHMIDTS FUNKARBEITEN ÜBER SCHEFER UND WIELAND

S. [35] — Anfrage des Herausgebers: [Zu Schröter/Lilienthal]

Lfg. 31/Mai 1978: Titel bei Arno Schmidt

Autor

Josef Huerkamp

Inhalt

S. 3 bis 21 — [Josef Huerkamp]
HOHO, WER ERRÄT'S?
Bemerkungen zum Titelfundus Arno Schmidts

S. [22] — [Anzeige von: Jörg Drews / Hans-Michael Bock, „Der Solipsist in der Heide"]

S. [23] — [Anzeige von: Leibl Rosenberg, „Das Hausgespenst"]

Lfg. 32–33/Juni 1978: Trommler beim Zaren
Autor
Josef Huerkamp
Inhalt

S. 3 bis 39	[Josef Huerkamp] „TROMMLER BEIM ZAREN“. EINE INTERPRETATION

Lfg. 34/Sept. 1978: Zettels Traum (VI)
Autoren
Gerd Bauer
Michael Chrapkowski (= M. C.)
Josef Huerkamp
Jörg Maurer (= J. M.)
Werner Schmitz (= We. Sch.)
Rudi Schweikert
Hans-Joachim Zirkel (= H.-J. Z.)
Inhalt

S. 3 bis 9	[div. Autoren] EINZELSTELLENDECHIFFRIERUNGEN
S. 9 bis 11	We. Sch. NOCH EINMAL „PERDRIX“
S. 11 bis 17	Gerd Bauer / Rudi Schweikert „FAUST“ IN „ZETTELS TRAUM“
S. 17 bis 19	Josef Huerkamp FINDEN, NICHT ERFINDEN! Nachträge zu den „Bemerkungen zum Titelfundus Arno Schmidts“ (BB, Lfg. 31, Mai 1978)
S. 19	hmb [o. T. / Hinweis auf den Reprint von „Texte und Zeichen“]
S. [20]	Dr. Wilhelm Montenbruck AUFSTIEG UND FALL DES „BARGFELDER BOTEN“ oder DIE IM IRRGARTEN DES BARGFELD-ARGFELD-SCHAUERFELDS UMHERTAUMELNDEN UNCHEVALERESKEN BEITRÄGER (Zum BB, Lfg. 28–30.)
S. [20]	Anmerkung des Herausgebers: [Zu dem Lesergedicht von Montenbruck]

Lfg. 35–36/Dezember 1978: Trommler beim Zaren (II)
Autoren
Günther Flemming

Gerhard H.Kahlert
Inhalt

Lfg. 37/Januar 1979: Schule der Atheisten (II)
Autoren
Karl H. Brücher
Rudi Schweikert
Inhalt

Lfg. 38–39/Juni 1979: Carroll und Schmidt
Autoren
Günther Flemming
Robert Becker
Helmut Heissenbüttel
Inhalt

3. Juni 1979 / And we shall never see the like again."]

S. 5 bis 7 Helmut Heissenbüttel
Schnappschüsse aus Bargfeld
Arno Schmidt zum 65. Geburtstag
abgeschrieben 20 Tage nach seinem Tod

S. 9 bis 31 Günther Flemming
Elsie & Arno
oder: Grüßt man so einen Vater?

S. 32 bis 35 Robert Becker
Zur Proust-Rezeption bei Schmidt

Lfg. 40/Oktober 1979: Tieck und Schmidt

Autoren:
Günter Jürgensmeier
rolf vollmann

Inhalt

S. 3 bis 15 Günter Jürgensmeier
‚MEINE LIEBESERKLÄRUNG'

S. 15 bis [16] Rolf Vollmann
Aufs Leben kommt es nicht an
Das Schreiben gilt mehr / Zum Tod von Arno Schmidt

S. [16] Anmerkungen des Herausgebers: [1) Quellenangabe zum Beitrag von Vollmann; 2) Bitte um Einsendungen zu „Caliban über Setebos" und „Zettels Traum"]

Lfg. 41–42/Februar 1980: Abend mit Goldrand (I)

Autor
Kurt Jauslin

Inhalt

S. 3 bis [32] [Kurt Jauslin]
DIE WELT IM KOPF DES EINEN
Über die Rolle der „variedad del mundo" des Hieronymus Bosch in Arno Schmidts „Abend mit Goldrand"

S. [32] Mitteilungen des Herausgebers: [1 Handbuch zu „Abend mit Goldrand"; 2 Bitte um weitere Einsendungen zur „Schule der Atheisten"; 3 Hinweis auf Dissertation]

Lfg. 43–44/März 1980: Josef Huerkamp
Lücken im „Gesamtwerk" Arno Schmidts
Klaus Pauler (Hrsg.)
Ein unbekannter Nachruf auf Arno Schmidt

Autoren
Josef Huerkamp

Klaus Jürgen Pauler
Inhalt

S. 3 bis 24	Josef Huerkamp LÜCKEN IM „GESAMTWERK“ Hinweise auf das ungeschriebene / unpublizierte Werk Arno Schmidts
S. 25 bis 30	Klaus Pauler DER HAUSFREUND: ARNO SCHMIDT Ein Nachruf auf einen Anderen?
S. [31]	[Anzeige der edition text + kritik mit Schmidt-Zitaten]

Lfg. 45/April 1980: „-mm: haben Sie sich mal mit Filosofie beschäftigt?“
Arthur Schopenhauer bei Arno Schmidt

Autor
Dieter Kuhn
Inhalt

S. 3 bis 15	[Dieter Kuhn] NDK 31: „-mm: haben Sie sich mal mit Filosofie beschäftigt? = Kant. Schopenhauer.“ (munter): „und so weiter?“

Lfg. 46–48/Juli 1980: Zettels Traum (VII)
Autoren
Gerd Bauer (= G. B.)
Michael Chrapkowski (= M. C.)
Wolfgang Kirschstein (= W. K.)
Reinhard Klose (= R. K.)
Hartmann K. Maier (= H. K. M.)
Werner Schmitz (= We. Sch.)
Michael Schneider (= M. Sch.)
Thomas Schreiber (= T. S.)
Rudi Schweikert (= R. S.)
Dieter Stockert (= D. S.)
Heinrich Wirtz (= H. W.)
Redaktion
Thomas Schreiber
Inhalt

S. 3 bis 39	[Einzelanmerkungen zu „Zettels Traum“]
S. 40 bis 44	Michael Chrapkowski AS & der „arme Hirschfeld“ (ZT 1324 ru)
S. 45 bis 46	Jörg Drews Mitteilungen des Herausgebers (Redaktionelle Arbeitsteilung und Verteilung der Zuständigkeiten für künf-

tige Projekte]

Schlußbemerkung: die Signaturen zu den Einzelanmerkungen tragen das Datum: Mai 1980, das ganze Heft dagegen ist, wie oben angegeben, datiert: Juli 1980.

Lfg. 49/September 1980: Zitate, „Plagiate" und ähnliches

Autoren

Werner Morlang

Michael Schneider

Inhalt

S. 3 bis 9	Werner Morlang AUCH EIN GROSSER MANN Zitieren als essayistisches Verfahren
S. 10 bis 17	Michael Schneider ALLUSIONEN, PLAGIATE UND SCHMIDT Einige Nachweise
S. 17	[Hinweis auf die deutsche Übersetzung von Lewis Carrolls "Sylvie and Bruno"]
S. 18	[Anzeige der BRAUEREI WITTINGEN; Text: Das Bier des Arno-Schmidt-Forschers]

Lfg. 50/Januar 1981: Varia

Autoren

Helmut Kracke

F. Peter Ott

Helmut Schulze

Eberhard Schlotter

Inhalt

S. 3 bis 4	Jörg Drews ZUR 50. LIEFERUNG DES BARGFELDER BOTEN
S. 5	[verkleinerte Reproduktion der Radierung „Arno Schmidt" von Eberhard Schlotter; vgl. S. 7/8]
S. 7	Eberhard Schlotter [Brief an Oesterhelt; datiert: Altea 12-7-80]
S. 7 bis 8	Jörg Drews [Darstellung des Sachverhaltes, auf den der Brief bezogen ist]
S. 8 bis 9	Deutsche Dienststelle Berlin für die Benachrichtigung der nächsten Angehörigen von Gefallenen der ehemaligen deutschen Wehrmacht [Briefliche Auskunft an Jörg Drews über die Wehrdienstzeit von Arno Schmidt]
S. 10 bis 18	F. Peter Ott

1.3. Autorenregister

Alle in den einzelnen Lieferungen genannten Autoren von Aufsätzen oder Einzelanmerkungen, auch von redaktionellen Hinweisen und Notizen, sind in alphabetischer Reihenfolge aufgelistet. Nach dem Namen folgt das Kürzel, das in mindestens einer Lieferung verwendet wurde (manchmal sind es auch mehrere Kürzel). Kürzel, zu denen die Namensangabe fehlt, stehen als solche mit in der Liste. Alle Kürzel sind am Schluß noch einmal alphabetisch zusammengestellt. Zu jedem Namen werden die veröffentlichten Beiträge mit Kurztiteln genannt. Die vollständigen Titel sind im Abschnitt 1.2. verzeichnet und können also leicht, über die angegebene Nummer der Lieferung, ermittelt werden.

MARE CRISIUM']; Lfg. 21–22: [Einzelanmerkungen zu ‚BRAND'S HAIDE'], [Einzelanmerkungen zu ‚SCHWARZE SPIEGEL']; Lfg. 23: [Einzelanmerkungen zu ‚KAFF / auch / MARE CRISIUM']; Lfg. 24–25: [Einzelanmerkungen zu ‚ZETTEL'S TRAUM']

Drews, Jörg: als Herausgeber: Lfg. 1: zum ersten Heft; Lfg. 2: Zur zweiten Lieferung; Lfg. 3: BARGFELDER BOTE / im Spiegel der Presse; Lfg. 5–6: [Hinweis]; Lfg. 7–8: Bemerkungen des Herausgebers; Lfg. 10: Bemerkungen des Herausgebers; Lfg. 15: Notiz des Herausgebers; Lfg. 17–18: Anmerkungen des Herausgebers; Lfg. 19: Anmerkungen des Herausgebers; Lfg. 20: Anmerkung des Herausgebers; Lfg. 23: Hinweis des Herausgebers; Lfg. 26: Anmerkung des Herausgebers; Lfg. 27: Hinweis des Herausgebers; Lfg. 28–30: Anfrage des Herausgebers; Lfg. 35–36: Hinweis(e) [1]; Lfg. 37: Hinweis des Herausgebers; Lfg. 40: Anmerkungen des Herausgebers; Lfg. 41–42: Mitteilungen des Herausgebers; Lfg. 46–48: Mitteilungen des Herausgebers; Lfg. 49: [Hinweis], [Mitteilung des Herausgebers]; Lfg. 50: ZUR 50. LIEFERUNG DES BARGFELDER BOTEN, [Darstellung zu einem Brief E. Schlotters]

Egan, K. W. (= K. W. E.): Lfg. 23: [Einzelanmerkungen zu ‚KAFF / auch / MARE CRISIUM']

Essen, Hartmut von: Lfg. 4: ZUM RUSSISCHEN IM „KAFF"

Fielenbach, Rolf (= R. F. / R. Fie.): Lfg. 2: [Einzelanmerkungen zu ‚ZETTEL'S TRAUM']; Lfg. 24–25: [Einzelanmerkungen zu ‚ZETTEL'S TRAUM']

Finke, Reinhard: Lfg. 15: Marcel Proust bei Arno Schmidt

Flemming, Günther (= G. F.): Lfg. 1: [Einzelanmerkungen zu ‚ZETTEL'S TRAUM']; Lfg. 20: [Einzelanmerkungen zu ‚KAFF / auch / MARE CRISIUM']; Lfg. 23: [Einzelanmerkungen zu ‚KAFF / auch / MARE CRISIUM']; Lfg. 35–36: WUNDERLICHES FATUM EINES LANDMESSERS, DAS SIND JA SCHÖNE GESCHICHTEN!; Lfg. 38–39: Elsie & Arno

Friesen, Gerhard K. (= G. K. F.): Lfg. 7–8: [Einzelanmerkungen zu ‚Die Schule der Atheisten']

Friesenhahn, Jochen (= J. Fr.): Lfg. 24–25: [Einzelanmerkungen zu ‚ZETTEL'S TRAUM']

Hartmann, Gerd (= G. H.): Lfg. 7–8: [Einzelanmerkungen zu ‚Die Schule der Atheisten']

Herzog, Reinhart (= RH / R. H.): Lfg. 11–13: [Einzelanmerkungen zu ‚ZETTEL'S TRAUM']; Lfg. 14: GLAUCUS ADEST; Lfg. 17–18: [Einzelanmerkungen zu ‚KAFF / auch / MARE CRISIUM']; Lfg. 23: [Einzelanmerkungen zu ‚KAFF / auch / MARE CRISIUM']

hmb: Lfg. 34: [Hinweis]

HOFMANN, HEINZ (= H. H.): Lfg. 21–22: [Einzelanmerkungen zu ‚BRAND'S HAIDE'], [Einzelanmerkungen zu ‚SCHWARZE SPIEGEL']

Houtermans, Marcus (= M. H.): Lfg. 2: [Einzelanmerkungen zu ‚ZETTEL'S TRAUM']

Huerkamp, Josef (= J. H.): Lfg. 23: [Einzelanmerkungen zu ‚KAFF / auch / MARE CRISIUM‘]; Lfg. 31: HOHO, WER ERRÄT'S?; Lfg. 32–33: „TROMMLER BEIM ZAREN“; Lfg. 34: FINDEN, NICHT ERFINDEN!; Lfg. 43–44: LÜCKEN IM „GESAMTWERK“

Jauslin, Kurt: Lfg. 41–42: DIE WELT IM KOPF DES EINEN

J. J.: Lfg. 23: [Einzelanmerkungen zu ‚KAFF / auch / MARE CRISIUM‘]

Jürgensmeier, Günter: Lfg. 40: ‚MEINE LIEBESERKLÄRUNG‘

Kähding, Uwe (= U. K.): Lfg. 7–8: [Einzelanmerkungen zu ‚Die Schule der Atheisten‘]

Kahlert, Gerhard H.: Lfg. 35–36: EINIGE BEMERKUNGEN ZU SCHMIDTS FUNKESSAY „KRAKATAU“

Kaiser, Joachim: Lfg. 5–6: DES SENGERS PHALL

Kirschstein, Wolfgang (= W. K.): Lfg. 46–48: [Einzelanmerkungen zu ‚ZETTEL'S TRAUM‘]

Klose, Reinhard (= R. K.): Lfg. 46–48: [Einzelanmerkungen zu ‚ZETTEL'S TRAUM‘]

k m b : Lfg. 35–36: Hinweis(e) [2]

Kracke, Helmut: Lfg. 50: Seelandschaft mit Schmidt und Scheffel

Kuhn, Dieter (= D. K.): Lfg. 2: [Einzelanmerkungen zu ‚ZETTEL'S TRAUM‘]; Lfg. 7–8: „DIE SCHULE DER ATHEISTEN“ UND JULES VERNES „SCHULE DER ROBINSONS“, DIE „SCHULE DER ATHEISTEN“ UND LUDWIG TIECKS „VOGELSCHEUCHE“, [Einzelanmerkungen zu ‚Die Schule der Atheisten‘]; Lfg. 16: [Einzelanmerkungen zu ‚LEVIATHAN‘]; Lfg. 28–30: EINIGE ANMERKUNGEN ZU ARNO SCHMIDTS FUNKARBEITEN ÜBER SCHEFER UND WIELAND; Lfg. 45: NDK 31: „–mm: haben Sie sich mal mit Filosofie beschäftigt? = Kant. Schopenhauer.“ (munter): „und so weiter?“

Kusen, Hartmut (= H. K.): Lfg. 7–8: [Der Name steht in der Autorenliste; kein Beitrag ist allerdings mit ‚H. K.‘ signiert!]

Maier, Hartmann K. (= H. K. M.): Lfg. 46–48: [Einzelanmerkungen zu ‚ZETTEL'S TRAUM‘]

Malchow, Barbara (= B. M.): Lfg. 23: [Einzelanmerkungen zu ‚KAFF / auch / MARE CRISIUM‘]

Marsmann, Monika (= MM): Lfg. 11–13; [Einzelanmerkungen zu ‚ZETTEL'S TRAUM‘]

Maurer, Jörg (= J. M.): Lfg. 34: [Einzelanmerkungen zu ‚ZETTEL'S TRAUM‘]

Minden, Michael (= Mi. M.): Lfg. 17–18: [Einzelanmerkungen zu ‚KAFF / auch / MARE CRISIUM‘]

Mißlbeck, Johannes (= J. M.): Lfg. 7–8: [Einzelanmerkungen zu ‚Die Schule der Atheisten‘]

Montenbruck, Wilhelm: Lfg. 34: AUFSTIEG UND FALL DES „BARGFELDER BOTEN“

Morlang, Werner: Lfg. 49: AUCH EIN GROSSER MANN

Ott, F. Peter: Lfg. 50: COMMENTS ON THE OCCASION OF THE PUBLICA-

Stündel, Dieter (= D. St.): Lfg. 2: [Einzelanmerkungen zu ‚ZETTEL'S TRAUM']
Veit, Hermann (= H. V.): Lfg. 1: [Einzelanmerkungen zu ‚ZETTELS'S TRAUM']
Vollmann, Rolf: Lfg. 40: Aufs Leben kommt es nicht an
Wehr, Barbara (= B. W.): Lfg. 17–18: [Einzelanmerkungen zu ‚KAFF / auch / MARE CRISIUM']
Wiede, Fritz Otto (= F. O. W.): Lfg. 7–8: [Einzelanmerkungen zu ‚Die Schule der Atheisten']; Lfg. 17–18: [Einzelanmerkungen zu ‚KAFF / auch / MARE CRISIUM']
Wirtz, Heinrich (= H. W.): Lfg. 46–48: [Einzelanmerkungen zu ‚ZETTEL'S TRAUM']
Wohlleben, Robert (= R. W.): Lfg. 1: [Einzelanmerkungen zu ‚ZETTEL'S TRAUM']; Lfg. 3: Götter und Helden in Niedersachsen; Lfg. 5–6: Übersicht: / RILKES „SONETTE AN ORPHEUS" IM ZITAT BEI ARNO SCHMIDT, PERSONAL IN „CALIBAN ÜBER SETEBOS", ERLÄUTERUNGEN EINZELNER STELLEN
Wolters, Gereon (= G. W.): Lfg. 23: [Einzelanmerkungen zu ‚KAFF / auch / MARE CRISIUM']
X.: Lfg. 7–8: [Einzelanmerkungen zu ‚Die Schule der Atheisten']
Zirkel, Hans-Joachim (= H.-J. Z.): Lfg. 34: [Einzelanmerkungen zu ‚ZETTEL'S TRAUM']

KÜRZEL

B. B.:	Blumenthal, Bert
B. D.:	Degener, Brigitte
B. M.:	Malchow, Barbara
B. W.:	Wehr, Barbara
D. K.:	Kuhn, Dieter
D. S.:	Stockert, Dieter
D. St.:	Stündel, Dieter
F. O. W.:	Wiede, Fritz Otto
G. B.:	Bauer, Gerd
G. F.:	Flemming, Günther
G. H.:	Hartmann, Gerd
G. H. P.:	Peters, Georg H.
G. K. F.:	Friesen, Gerhard K.
G. W.:	Wolters, Gereon
He. Br.:	Brokmeier, Helmut
H. H.:	Hofmann, Heinz
H.-J. Z.:	Zirkel, Hans-Joachim
H. K.:	Kusen, Hartmut
H. K. M.:	Maier, Hartmann K.
hmb:	[unbekannt]
HMB / H. M. B.:	Bock, Hans-Michael
H. S.:	Schwimmer, Helmut
H. V.:	Veit, Hermann
H. W.:	Wirtz, Heinrich
J. Dr.:	Drews, Jörg
J. H.:	Huerkamp, Josef
J. J.:	[unbekannt]
! J. M.:	Maurer, Jörg
! J. M.:	Mißlbeck, Johannes
Jo. Fr.:	Friesenhahn, Jochen
K. H. B.:	Brücher, Karl H.
K. J. P.:	Pauler, Klaus Jürgen
k m b :	[unbekannt]
K. S.:	Scheel, Kurt
K. W. E.:	Egan, K. W.
L. P.:	Prütting, Lenz
L. R.:	Rosenberg, Leibl
M. C.:	Chrapkowski, Michael

M. H.: Houtermans, Marcus
Mi. M.: Minden, Michael
MM: Marsmann, Monika
M. Sch.: Schneider, Michael
P. S.: Sinram, Peter
R. F.: Fielenbach, Rolf
R. Fie.: Fielenbach, Rolf
RH / R. H.: Herzog, Reinhart
R. K.: Klose, Reinhard
R. S.: Schweikert, Rudi
R. W.: Wohlleben, Robert
S. R.: Ramm, Susi
U. K.: Kähding, Uwe
W. B.: Benda, Wolfram
We. Sch.: Schmitz, Werner
W. K.: Kirschstein, Wolfgang
X.: [diverse Unbekannte]

2. Nachweis der Fundstellen in den Ausgaben der Werke Arno Schmidts einschließlich der von ihm übersetzten Werke

Die zitierten Fundstellen können entweder dem behandelten Werk oder der herangezogenen Ausgabe zugeordnet und in beiden Fällen entweder in alphabetischer oder in chronologischer Reihenfolge angeordnet werden. Die Entscheidung fiel zugunsten der Ausgabe und der alphabetischen Reihenfolge. Viele Werke sind unter mehreren Titeln erschienen, so daß bei dieser Möglichkeit Auswahlprobleme entstanden wären (angesichts der noch immer fehlenden Werkausgabe) bzw. eine Vielzahl von Verweisen auf Varianten oder von Varianten des ausgewählten Titels hätten gesetzt werden müssen. Die alphabetische Reihenfolge hat den Vorzug, bekannt zu sein. Die Anordnungsmöglichkeiten, von denen hier kein Gebrauch gemacht worden ist, sind in den Abschnitten 2.3. und 2.4. erkennbar. Die gewählte Anordnung ist dem eigentlichen Fundstellennachweis als zusätzliches Inhaltsverzeichnis vorangestellt (Abschnitt 2.1.).

2.1. Verzeichnis der zitierten Ausgaben in alphabetischer Reihenfolge

Bei der Alphabetstellung der Titel ist die Art der Veröffentlichung zu beachten. Bei selbständiger Veröffentlichung eines einzelnen Werkes ist der Haupttitel maßgebend, ergänzend auch Unter- oder Obertitel. Bei unselbständiger Veröffentlichung eines Werkes ist der Titel des Werkes maßgebend (nicht etwa derjenige der Anthologie, der Zeitschrift o. ä.). Ohne Titel veröffentlichte Werke werden mit in eckige Klammern gesetzten Hilfstiteln aufgeführt. Zahlen sind wie Zahlwörter alphabetisiert. Übersetzungen folgen im Anschluß an eigene Werke, und zwar nach dem Alphabet der Verfasser, danach der Titel. In runden Klammern ist das Erscheinungsjahr der zitierten Ausgabe angegeben. Bei Sammelbänden sind, eingerückt, alle im einzelnen zitierten Werke, in der Reihenfolge des Abdruckes, aufgeführt.

Abend mit Goldrand (1975)
Ach, wie gut, daß niemand weiß . . . ! (1964)
Albert Ehrenstein / ISKANDAR VON KANDAHAR (1961)
[APROPOS: AH! : PRO=POE] (1970)
Arno Schmidt antwortet: (1961)
ATHEIST? : ALLERDINGS! (1957)
Auf Arno Schmidts / „Rosen & Porree“ (1960)

- Auf dem Rücken erzählt (1956)
- AUS DEM LEBEN EINES FAUNS (1953)
  - [Haushoch]
  - AUS DEM LEBEN EINES FAUNS
- AUS DEM LEBEN EINES FAUNS (1973)
- BELPHEGOR (1961)
  - BELPHEGOR / ODER WIE ICH EUCH HASSE
  - HERDER / ODER VOM PRIMZAHLMENSCHEN
  - DER WALDBRAND / ODER VOM GRINSEN DES WEISEN
  - HUNDERT JAHRE / EINEM MANNE ZUM GEDENKEN
  - MASSENBACH / HISTORISCHE REVUE
- Belphegor oder: Wie ich Euch hasse (1959)
- Berechnungen III (1980)
- BRAND'S HAIDE (1951)
  - [Der goldgetränkte Himmel über mir]
  - [Ja : übernächtigt!]
- BRAND'S HAIDE (1974)
- Cooper, der Lederstrumpf und Europa (1954)
- Dankadresse zum Goethe-Preis 1973 (1973)
- Das Haus in der Holetschkagasse (unveröffentlicht)
- Das Land, aus dem man flüchtet (1957)
- DAS STEINERNE HERZ (1956)
  - [Nicht nur]
  - DAS STEINERNE HERZ
- Das steinerne Herz (1967)
- DER ARME ANTON REISER (1955)
- Der Autor und sein Material (1962)
- Der Dichter und die Mathematik (1960)
- DER SANFTE UNMENSCH (1963)
  - VORSPIEL
- Der Schriftsteller und die Politik (1957)
- DER TRITON MIT DEM SONNENSCHIRM (1969)
  - ANGRIA & GONDAL / DER TRAUM DER TAUBENGRAUEN SCHWESTERN
  - WAS WIRD ER DAMIT MACHEN? / NACHRICHTEN AUS DEM LEBEN EINES LORDS
  - TOM ALL ALONE'S / BERICHT VOM NICHT-MÖRDER
- „DER TITEL ALLER TITEL!“
- DER TRITON MIT DEM SONNENSCHIRM / (ÜBERLEGUNGEN ZU EINER LESBARMACHUNG VON „FINNEGANS WAKE“)
- DAS BUCH JEDERMANN / JAMES JOYCE ZUM 25. TODESTAGE
- KALEIDOSKOPISCHE KOLLIDIER-ESKAPADEN
- NACHWORT ZU COOPERS „CONANCHET“

AMERIKA, DU HAST ES BESSER . . .
DER FALL ASCHER
Der Zauberer von Helmstedt (unveröffentlicht)
Dichter & ihre Gesellen: Jules Verne (1967)
Die aussterbende Erzählung (1955)
DIE GELEHRTENREPUBLIK (1957)
DIE GELEHRTENREPUBLIK (1965)
Die Handlungsreisenden (1956)
Die letzte Ausflucht (1953)
Die Meisterdiebe (1958)
Die moderne Literatur und das deutsche Publikum (1964)
DIE RITTER VOM GEIST (1965)
DER RITTER VOM GEIST
NICHTS IST MIR ZU KLEIN
EIN UNERLEDIGTER FALL / ZUM 100. GEBURTSTAGE VON GUSTAV FRENSSEN
SAMUEL CHRISTIAN PAPE / VERGESSENE DICHTUNG AUS MOOR UND HEIDE
‚FUNFZEHN' / VOM WUNDERKIND DER SINNLOSIGKEIT
. . . UND DANN DIE HERREN LEUTNANTS! / BETRACHTUNGEN ZU ‚WITIKO' & ADALBERT STIFTER
Die Schule der Atheisten (1972)
Die Sorte der Struwwelpeter (1957)
Die Struwwelpeter (1961)
die umsiedler (1953)
[Der Wolken Irregang]
alexander oder / was ist wahrheit?
Die Wundertüte (unveröffentlicht)
350 Seiten über Karl May (1962)
DYA NA SORE (1958)
VORSPIEL
DYA NA SORE / BLONDESTE DER BESTIEN
HERRN SCHNABELS SPUR / VOM GESETZ DER TRISTANITEN
GOETHE / UND EINER SEINER BEWUNDERER
DER SANFTE UNMENSCH / EINHUNDERT JAHRE NACHSOMMER
WIELAND / ODER DIE PROSAFORMEN
SIEBZEHN SIND ZUVIEL! / JAMES FENIMORE COOPER
KLOPSTOCK / ODER VERKENNE DICH SELBST!
DIE SCHRECKENSMÄNNER / KARL PHILIPP MORITZ ZUM 200. GEBURTSTAG
TINA / DER ÜBER DIE UNSTERBLICHKEIT
Eberhard Schlotter, / Das zweite Programm (1967)
Eines Hähers: „TUÉ!" und 1014 fallend. (1965)

SCHWARZE SPIEGEL

Lilienthal (unveröffentlicht)

Magnus nascitur ordo (1969)

Meine Bibliothek (1965)

NACHRICHTEN AUS DEM LEBEN EINES LORDS (1975)

DER TRITON MIT DEM SONNENSCHIRM / (ÜBERLEGUNGEN ZU EINER LESBARMACHUNG VON „FINNEGANS WAKE“)

KALEIDOSKOPISCHE KOLLIDIER-ESKAPADEN

Nachrichten von Büchern und Menschen / Band 1 (1971)

Herrn Schnabels Spur / Vom Gesetz der Tristaniten

Belphegor, oder Wie ich euch hasse

Wieland, oder Die Prosaformen

Die Schreckensmänner / Karl Philipp Moritz zum 200. Geburtstag

Herder, oder Vom Primzahlmenschen

Nachrichten von Büchern und Menschen / Band 2 (1971)

‚Funfzehn‘ / Vom Wunderkind der Sinnlosigkeit

Der sanfte Unmensch / Einhundert Jahre Nachsommer

Hundert Jahre / Einem Manne zum Gedenken

Goethe / und Einer seiner Bewunderer

Nobodaddy's Kinder (1963)

Aus dem Leben eines Fauns

Brand's Haide

Schwarze Spiegel

[Noten auf rotem Grund] (1955)

Orpheus (1970)

Caliban über Setebos

Der Sonn' entgegen

Die Abenteuer der Sylvesternacht

Panorama von ZETTELS TRAUM (1969)

Papa Luna (unveröffentlicht)

PHAROS, oder von der Macht der Dichter (1975)

ROSEN & PORREE (1959)

SEELANDSCHAFT MIT POCAHONTAS

ALEXANDER / ODER / WAS IST WAHRHEIT

KOSMAS / ODER VOM BERGE DES NORDENS

BERECHNUNGEN I

BERECHNUNGEN II

Sataspes (unveröffentlicht)

SCHWÄNZE (1976)

Dr. Mac Intosh: / ‚PIPORAKEMES!‘

[Schwierigkeiten heute die Wahrheit zu schreiben] (1964)

Seelandschaft mit Pocahontas (1955)

Seelandschaft mit Pocahontas (1966)

Kosmas oder Vom Berge des Nordens
Seines Bruders Schmäher (1960)
SITARA / UND DER WEG DORTHIN (1963)
Sitara / und der Weg dorthin (1969)
Stützpunkt (unveröffentlicht)
Tausend Zungen (1955)
Tina / oder über die Unsterblichkeit (1966)
Tina / oder über die Unsterblichkeit
Dya Na Sore / Blondeste der Bestien
Müller / oder vom Gehirntier
Massenbach / Historische Revue
Todesstrafe bei Sonnenschein (1956)
TROMMLER BEIM ZAREN (1966)
TROMMLER BEIM ZAREN
SCHLÜSSELTAUSCH
LUSTIG IST DAS ZIGEUNERLEBEN
DIE VORSICHTIGEN
SELTSAME TAGE
ROLLENDE NACHT
WAS SOLL ICH TUN?
RIVALEN
AM FERNROHR
GESCHICHTEN VON DER INSEL MAN
SCHULAUSFLUG
ZÄHLERGESANG
NEBENMOND UND ROSA AUGEN
STÜRENBURG-GESCHICHTEN
EIN LEBEN IM VORAUS
SOMMERMETEOR
ER WAR IHM ZU ÄHNLICH
SCHWARZE HAARE
KRAKATAU
DIE KREISSCHLÖSSER
DIE GESCHICHTE VOM RIESEN JERMAK
HENOCH, NT, UND KOSMAS
GERMINAL
DAS BUCH MORMON
ALAS, POOR YORICK
DIE 10 KAMMERN DES BLAUBART
SYLVIE & BRUNO
UND ES BLITZTEN DIE STERNE . . .
VON DEUTSCHER ART UND KUNST
Dichter und ihre Gesellen: / JULES VERNE

DER PLATZ, AN DEM ICH SCHREIBE
BEGEGNUNG MIT FOUQUÉ
AUF ARNO SCHMIDTS ‚ROSEN & PORREE'
Ulysses in Deutschland (1957)
Unsichtbare Magd (unveröffentlicht)
Unsterblichkeit für Amateure (1963)
VOM ISKANDER ZUM ALEXANDER (1960)
VORLÄUFIGES ZU ZETTELS TRAUM
Was soll ich tun? (1958)
Wer schützt die Autoren vor ihren Erben? (1961)
Windmühlen (1960)
ZETTEL'S TRAUM (1970)
Zur Notausgabe das Notregister (1969)

ÜBERSETZUNGEN:
Bulwer-Lytton, Edward: Dein Roman (1973)
Bulwer-Lytton, Edward: Was wird er damit machen? (1971)
Cooper, James F.: Conanchet (1962)
Nachwort
Cooper, James F.: Conanchet (1972)
JOYCE, STANISLAUS: Meines Bruders Hüter (1960)
POE, EDGAR ALLAN: WERKE I (1966)
DAS EILAND UND DIE FEE
POE, EDGAR ALLAN: WERKE II (1967)
MANUSKRIPTFUND IN EINER FLASCHE
UMSTÄNDLICHER BERICHT DES ARTHUR GORDON PYM VON NANTUCKET
HEUREKA / EIN ESSAY ÜBER DAS MATERIELLE & SPIRITUELLE UNIVERSUM

2.2. Fundstellennachweis in der alphabetischen Reihenfolge der zitierten Ausgaben

Abend mit Goldrand
eine MärchenPosse
55 Bilder aus der L$\frac{\text{ä}}{\text{E}}$ndlichkeit
für
Gönner der VerschreibKunst
Fischer: 1975
(Bock 1.1.22)

Vorbemerkungen
Die Seiten werden in der Paginierung zitiert, die der Autor ihnen gab, nicht in einer Hilfspaginierung (etwa derjenigen Bocks). Die Typoskript-Paginierung weist lediglich einen Sprung auf: Auf S. 40 folgt S. 40a.
Eine Zitierweise, wie sie für ZETTEL'S TRAUM üblich ist, hat sich für dieses Werk nicht durchgesetzt; deshalb sind die hin und wieder gegebenen Hinweise auf die zitierte Spalte bzw. Höhe nicht mit übernommen worden.
Im Text des Romans enthalten ist ein Erzählungsfragment mit dem Titel: PHAROS, oder von der Macht der Dichter; es steht auf den Seiten 183 bis 184 (erster Teil), 185 bis 187 (zweiter Teil) und 188 bis 190 (letzter Teil), unterbrochen vom Fortgang der Romanhandlung, also nicht durch Angabe der Seitenzahlen isoliert auszuweisen; deshalb ist auf eine Zwischenüberschrift im Fundstellennachweis verzichtet worden.

1: [Lfg. 15, S. (5)/(13)[2]]; Lfg. 31, S. 4
3: Lfg. 41–42, S. 4/27[14], S. 12/29[59]
4: Lfg. 26, S. 23[106]
5: Lfg. 41–42, S. 15
6: Lfg. 15, S. (11)
7: Lfg. 14, S. (20)
17: Lfg. 40, S. 12
19: Lfg. 41–42, S. 4/27[13]
22: Lfg. 40, S. 12; Lfg. 41–42, S. 12/29[60]
23: Lfg. 41–42, S. 4/27[14], S. 12/29[61]
24: Lfg. 40, S. 12; Lfg. 41–42, S. 4/27[12], S. 15/30[89]
27: Lfg. 14, S. (9)/(26)[49]
28: Lfg. 15, S. (11); Lfg. 38–39, S. 33; Lfg. 41–42, S. 26/32[176]; Lfg. 43–44, S. 8/22[63]
31: Lfg. 41–42, S. 14/30[84]
33: Lfg. 15, S. (12)
36: Lfg. 41–42, S. 18/30[106]
41: Lfg. 41–42, S. 4/27[14], S. 11/29[53]
44: Lfg. 41–42, S. 13/29[73]
47: Lfg. 41–42, S. 4/27[10], S. 12/29[64, 66]
48: Lfg. 41–42, S. 12/29[62]
52: Lfg. 41–42, S. 4/27[13]
53: Lfg. 45, S. 15
54: Lfg. 40, S. 12
56: Lfg. 26, S. 7/21[29, 30]; Lfg. 41–42, S. 7/28[27], S. 22/31[143]
57: Lfg. 41–42, S. 8/29[31], S. 10/29[48], S. 22/31[146]; Lfg. 43–44, S. 21/24[169]
58: Lfg. 11–13, S. (17);

169: Lfg. 43–44, S. 16
170: Lfg. 16, S. 21; Lfg. 26, S. 4/21[7]
173: Lfg. 31, S. 4/18[18]
178: Lfg. 41–42, S. 3/27[7]
179: Lfg. 43–44, S. 10/23[81], S. 16/24[139]
180: Lfg. 41–42, S. 25/31[168], S. 25/32[170]
182 ff.: Lfg. 14, S. (9)/(26)[54]; Lfg. 43–44, S. 13/23[110]
183: Lfg. 16, S. 3; Lfg. 26, S. 8/21[37, 38]
183 bis 190: Lfg. 26, S. 4
184: Lfg. 26, S. 7/21[32], S. 21[26]; Lfg. 41–42, S. 16/30[100], S. 17
185: Lfg. 16, S. 3; Lfg. 40, S. 12; Lfg. 41–42, S. 17/30[101], S. 18/30[111]
186: Lfg. 16, S. 3; Lfg. 26, S. 3, S. 4/21[11], S. 7/21[31, 33]
187: Lfg. 26, S. 8/21[34]; Lfg. 41–42, S. 17/30[102], S. 18/30[108], S. 20/31[131]
188: Lfg. 41–42, S. 18/30[110, 113, 114]
189: Lfg. 26, S. 5/21[15], S. 6/21[18, 24], S. 8/21[35], S. 21[26]
190: Lfg. 26, S. 7/21[26]
192: Lfg. 41–42, S. 17/30[104]
194: Lfg. 40, S. 9
202: Lfg. 41–42, S. 15/30[87]
205: Lfg. 41–42, S. 25/32[169]
206: Lfg. 14, S. (23); Lfg. 41–42, S. 25/31[166, 167]
207: Lfg. 14, S. (24)
214: [Lfg. 26, S. 21[9]]; Lfg. 41–42, S. 13/30[76]
215: Lfg. 41–42, S. 23/31[151]

Ach, wie gut, daß niemand weiß . . . !
In: Die Zeit
(Bock 1.2.64.01.17)

Lfg. 31, S. 12/20[130, 131]

Albert Ehrenstein
ISKANDAR VON KANDAHAR
In: Mein Gedicht
(Bock 1.3.61.1)

54: Lfg. 14, S. (10)/(26)[59], S. (14)

[APROPOS: AH!; PRO=POE]
Gunar Ortlepp über Arno Schmidt: „Zettels Traum"
APROPOS: AH!; PRO=POE
In: Der Spiegel
(Bock 2.2.20.70.04.20)

Lfg. 43–44, S. 3/21[4], S. 19/24[167]

Arno Schmidt antwortet:
In: Die Zeit
(Bock 1.2.61.10.27)

Lfg. 43–44, S. 17/24[152]

ATHEIST?: ALLERDINGS!
In: WAS HALTEN SIE VOM CHRISTENTUM?
(Bock 1.3.57.6)

64: Lfg. 31, S. 13/20[140]
64 bis 65: Lfg. 49, S. 8/9[16]
68: Lfg. 45, S. 7, S. 8, S. 10
69: Lfg. 45, S. 10
71: Lfg. 45, S. 10
73: Lfg. 45, S. 10

Auf Arno Schmidts
„Rosen & Porree"
In: Die Zeit
(Bock 1.2.60.04.15 [recte: 1.2.60.04.14; vgl. 2.2.10.60.04.14.1])

Lfg. 43–44, S. 12

Auf dem Rücken erzählt
In: Süddeutsche Zeitung [nicht in: Die Andere Zeitung vom 13. Sept. 1956, wie in der zitierten Fußnote angegeben]
(Bock 1.2.56.05.12)

Lfg. 43–44, S. 3/21[8]

AUS DEM LEBEN EINES FAUNS
KURZROMAN
Rowohlt: 1953
(Bock 1.1.4)

[3]: Lfg. 31, S. 14/21[154], S. 16/21[162]

[Haushoch]

[6]: Lfg. 43–44, S. 12
[nicht S. 5 wie dort angegeben]

AUS DEM LEBEN EINES FAUNS

30 bis 31: Lfg. 43–44, S. 8/22[62]

AUS DEM LEBEN EINES FAUNS
KURZROMAN
Fischer: 1973 (FTB 1366)
(Bock 1.1.4.1)

BELPHEGOR
Nachrichten von Büchern und Menschen
Stahlberg: 1961
(Bock 1.1.12)

BELPHEGOR
ODER WIE ICH EUCH HASSE

HERDER
ODER VOM PRIMZAHLMENSCHEN

DER WALDBRAND
ODER VOM GRINSEN DES WEISEN

HUNDERT JAHRE
EINEM MANNE ZUM GEDENKEN

MASSENBACH
HISTORISCHE REVUE

Belphegor oder: Wie ich Euch hasse
Hessischer Rundfunk
(Bock 1.4.59.07.01)

Berechnungen III
In: NEUE RUNDSCHAU, Heft 1/1980, S. [5], 6 bis 20
(nicht bei Bock)

BRAND'S HAIDE
Zwei Erzählungen
Rowohlt: 1951
(Bock 1.1.2)

[Der goldgetränkte Himmel über mir]

[Ja : übernächtigt!]
[154]: Lfg. 43–44, S. 12
[nicht: S. 155!]

BRAND'S HAIDE
Fischer: 1974 (FTB 1420)
(Bock 1.1.2.1)

8: Lfg. 21–22, S. 3
9: Lfg. 21–22, S. 3
10: Lfg. 21–22, S. 3
14: Lfg. 21–22, S. 4
26: Lfg. 21–22, S. 4
28: Lfg. 21–22, S. 5; Lfg. 40, S. 12
29: Lfg. 21–22, S. 5
34: Lfg. 21–22, S. 5
44: Lfg. 21–22, S. 6
45: Lfg. 21–22, S. 6
46: Lfg. 21–22, S. 6
47: Lfg. 21–22, S. 6, S. 7
52: Lfg. 21–22, S. 7
53: Lfg. 21–22, S. 7
56: Lfg. 21–22, S. 7
63: Lfg. 21–22, S. 7
65: Lfg. 21–22, S. 8
75: Lfg. 21–22, S. 8
75 bis 76: Lfg. 21–22, S. 8
76: Lfg. 21–22, S. 8, S. 9
77: Lfg. 21–22, S. 9
79: Lfg. 21–22, S. 9
80: Lfg. 21–22, S. 10
87 bis 88: Lfg. 20, S. 10
88: Lfg. 21–22, S. 11
91 bis 92: Lfg. 21–22, S. 11
92: Lfg. 21–22, S. 12
93: Lfg. 41–42, S. 31[125]
94: Lfg. 21–22, S. 12
97: Lfg. 21–22, S. 12
98: Lfg. 21–22, S. 12
102: Lfg. 21–22, S. 12, S. 19
103: Lfg. 21–22, S. 13
106: Lfg. 21–22, S. 13
107: Lfg. 21–22, S. 13
109: Lfg. 21–22, S. 13
110: Lfg. 21–22, S. 14; Lfg. 40, S. 12
119: Lfg. 21–22, S. 14
128: Lfg. 21–22, S. 10
132: Lfg. 21–22, S. 14
134: Lfg. 21–22, S. 15
139: Lfg. 21–22, S. 14
149: Lfg. 21–22, S. 15
[152]: Lfg. 21–22, S. 15

Cooper, der Lederstrumpf und Europa
In: Hamburger Anzeiger
(Bock 1.2.54.09.11)

Lfg. 43–44, S. 8/22[47]

Dankadresse zum Goethe-Preis 1973
In: Frankfurter Rundschau
(Bock 1.2.73.08.29.1)

Lfg. 28–30, S. 3/30[2], S. 5/30[19];
Lfg. 43–44, S. 3/21[3]

Das Haus in der Holetschkagasse
[unveröffentlicht]

Lfg. 43–44, S. 15, S. 16

Das Land, aus dem man flüchtet
In: Die Andere Zeitung
(Bock 1.2.57.10.24)

Lfg. 31, S. 11/20[121]

DAS STEINERNE HERZ
HISTORISCHER ROMAN AUS DEM JAHRE 1954
Stahlberg: 1956
(Bock 1.1.6)

[3]: Lfg. 31, S. 7, S. 16/21[167];
[Lfg. 35–36, S. 8, S. 9]
[5]: Lfg. 32–33, S. 9/37[24];
Lfg. 43–44, S. 12
[6]: Lfg. 16, S. 18

[Nicht nur]

DAS STEINERNE HERZ

8: Lfg. 31, S. 19[54];
Lfg. 43–44, S. 8/22[64]
9: Lfg. 32–33, S. 19/38[59]
10: Lfg. 31, S. 16
18 ff.: Lfg. 49, S. 11/17[3]
19: Lfg. 35–36, S. 9;
Lfg. 43–44, S. 7/22[45, 46]
31: Lfg. 43–44, S. 3/21[12]
36: Lfg. 31, S. 19[54]
49: Lfg. 43–44, S. 3/21[9]
53: Lfg. 43–44, S. 8/22[64], S. 9/22[70]
62: Lfg. 43–44, S. 16
80: Lfg. 31, S. 19[54]
87: Lfg. 31, S. 19[54]
91: Lfg. 32–33, S. 9/37[26]
91 bis 92: Lfg. 31, S. 6/18[48]
92: Lfg. 31, S. 19[54]
94: Lfg. 43–44, S. 8/22[64]
95: Lfg. 43–44, S. 9/22[70]
97: Lfg. 31, S. 19[54]
98: Lfg. 43–44, S. 7/22[40, 43]
103: Lfg. 31, S. 19[54]
113 bis 114: Lfg. 32–33, S. 9/37[26]
119: Lfg. 31, S. 19[54]
125: Lfg. 43–44, S. 8/22[64]
136: Lfg. 23, S. 4
141: Lfg. 16, S. 16;
Lfg. 32–33, S. 22/38[67]
143: Lfg. 31, S. 6/18[31]
147: Lfg. 31, S. 19[54]
168: Lfg. 43–44, S. 19/24[167]
170: Lfg. 43–44, S. 8/22[64]
172 bis 173: Lfg. 43–44,
S. 14/24[127]
180: Lfg. 31, S. 19[54]
181: Lfg. 49, S. 10, S. 11
183: Lfg. 32–33, S. 10/37[30]
188: Lfg. 31, S. 19[54]

„Friß deine Knackwurst, Sklav', und halt dein Maul!"
In: Die Andere Zeitung
(Bock 1.2.57.02.07)

Lfg. 31, S. 6/18[39]

DER TRITON MIT DEM SONNENSCHIRM
Großbritannische Gemütsergetzungen
Stahlberg: 1969
(Bock 1.1.18)

ANGRIA & GONDAL
DER TRAUM DER TAUBENGRAUEN SCHWESTERN

15 bis 16: Lfg. 14, S. (11)

WAS WIRD ER DAMIT MACHEN?
NACHRICHTEN AUS DEM LEBEN EINES LORDS

53: Lfg. 38–39, S. 11
61: Lfg. 14, S. (16)/(26)[92]
62 bis 63: Lfg. 14, S. (8)/(26)[45]
64: Lfg. 45, S. 14
71: Lfg. 28–30, S. 4
76: Lfg. 43–44, S. 14
79: Lfg. 14, S. (3), S. (16)/(26)[92]

TOM ALL ALONE'S
BERICHT VOM NICHT-MÖRDER

[100]: Lfg. 31, S. 9/19[78]
116: Lfg. 7–8, S. (35)
140: Lfg. 7–8, S. (11)
141: Lfg. 31 S. 4/17[16]

„DER TITEL ALLER TITEL!"

[154]: Lfg. 31, S. 3/17[1]
161: Lfg. 14, S. (16)/(26)[92]

DER TRITON MIT DEM SONNENSCHIRM
(ÜBERLEGUNGEN ZU EINER LESBARMACHUNG VON
„FINNEGANS WAKE")

195: Lfg. 27, S. 6
195 ff.: Lfg. 19, S. 6/14[11]
197: Lfg. 20, S. 11
198: Lfg. 27, S. 5
200: Lfg. 27, S. 3
204: Lfg. 27, S. 4, S. 9, S. 12
206: Lfg. 27, S. 11
207: Lfg. 27, S. 4, S. 6, S. 10
208: Lfg. 27, S. 10
211: Lfg. 27, S. 12

DAS BUCH JEDERMANN
JAMES JOYCE ZUM 25. TODESTAGE

KALEIDOSKOPISCHE KOLLIDIER-ESKAPADEN

NACHWORT ZU COOPERS „CONANCHET"

AMERIKA, DU HAST ES BESSER . . .

DER FALL ASCHER

422: Lfg. 28–30, S. 4

426: Lfg. 31, S. 6/18[38]

Der Zauberer von Helmstedt
[unveröffentlicht]

Lfg. 43–44, S. 9/23[77]

Dichter & ihre Gesellen: Jules Verne
In: Fünfzehn Autoren suchen sich selbst
(Bock 1.3.67.3)

49: Lfg. 26, S. 16/23[74]
50: Lfg. 37, S. 3/9[9]
51: Lfg. 26, S. 4/21[8];
Lfg. 37, S. 10[16]
51 bis 52: Lfg. 26, S. 4/21[7]
52: Lfg. 26, S. 3/20[4]
56: Lfg. 26, S. 10/22[50]
57: Lfg. 26, S. 10/23[73]
62 bis 63: Lfg. 26, S. 22[63]

Die aussterbende Erzählung
In: Texte und Zeichen
(Bock 1.3.55.3)

Lfg. 43–44, S. 19/24[165]

DIE GELEHRTENREPUBLIK
Kurzroman aus den Roßbreiten
Stahlberg: 1957
(Bock 1.1.7)

[3]: Lfg. 31, S. 8, S. 16/21[163]
[8]: Lfg. 2, S. (14)
12: Lfg. 32–33, S. 7
77: Lfg. 34, S. 18
134: Lfg. 43–44, S. 8/22[51]
151: Lfg. 23, S. 17
169: Lfg. 43–44, S. 9/22[69]
170: Lfg. 31, S. 19[54]
172: Lfg. 43–44, S. 8/22[55, 57, 58],
S. 16/24[141]

DIE GELEHRTENREPUBLIK
Kurzroman aus den Roßbreiten
Fischer: 1965 (FiBü 685)
(Bock 1.1.7.1)

41: Lfg. 38–39, S. 34
42: Lfg. 38–39, S. 32
50 ff.: Lfg. 16, S. 14/16[3]
55: Lfg. 38–39, S. 34
58: Lfg. 38–39, S. 34
61: Lfg. 38–39, S. 33
62: Lfg. 38–39, S. 33, S. 34
99: Lfg. 14, S. (17)/(27)[98]

55 ff.: Lfg. 16, S. 14/16[3]
56: Lfg. 38–39, S. 34
113: Lfg. 26, S. 10/22[49]

Die Handlungsreisenden
In: Texte und Zeichen
(Bock 1.3.56.2)

[296]: Lfg. 28–30, S. 10/31[62];
[Lfg. 49, S. 3/9[2]]
[296] ff.: Lfg. 31, S. 10/20[102]
297: Lfg. 28–30, S. 3/30[6]
Lfg. 32–33, S. 13/38[49]
299: Lfg. 32–33, S. 13/38[48]

Die letzte Ausflucht
Ein Hörspiel von Martin Walser
nach der Erzählung „Gadir" von Arno Schmidt
Süddeutscher Rundfunk
(Bock 1.4.53.01.12 [Sendedatum lt. Manuskript: 17. 12. 52])

Lfg. 43–44, S. 7/22[35]

Die Meisterdiebe
Von Sinn und Wert des Plagiats
Süddeutscher Rundfunk
(Bock 1.4.58.01.24)

Lfg. 35–36, S. 5; Lfg. 43–44,
S. 18/24[154]

Die moderne Literatur und das deutsche Publikum
In: Sind wir noch das Volk der Dichter und Denker?
(Bock 1.3.64.2)

101: Lfg. 9, S. (16)
102: Lfg. 9, S. (16)

DIE RITTER VOM GEIST
Von vergessenen Kollegen
Stahlberg: 1965
(Bock 1.1.16)

[3]: Lfg. 31, S. 7/19[67]

DER RITTER VOM GEIST

23: Lfg. 49, S. 16/17[13]
51: Lfg. 45, S. 13

NICHTS IST MIR ZU KLEIN

EIN UNERLEDIGTER FALL
ZUM 100. GEBURTSTAG VON GUSTAV FRENSSEN

SAMUEL CHRISTIAN PAPE
VERGESSENE DICHTUNG AUS MOOR UND HEIDE

‚FUNFZEHN'
VOM WUNDERKIND DER SINNLOSIGKEIT

247 bis 248: Lfg. 40, S. 8
250: Lfg. 40, S. 8
250 bis 251: Lfg. 40, S. 9
254: Lfg. 40, S. 9
255 bis 257: Lfg. 40, S. 9
258: Lfg. 40, S. 9
259 bis 260: Lfg. 40, S. 9
260: Lfg. 7–8, S. (8);
Lfg. 37, S. 3/9[8]
261: Lfg. 40, S. 9
262 bis 263: Lfg. 40, S. 9
264: Lfg. 38–39, S. 9
264 bis 266: Lfg. 40, S. 9
267: Lfg. 40, S. 9
268: Lfg. 40, S. 9
269 bis 271: Lfg. 40, S. 10
272 bis 274: Lfg. 40, S. 10
275: Lfg. 35–36, S. 7;
Lfg. 40, S. 10, S. 11
276: Lfg. 28–30, S. 3/30[3]
277: Lfg. 7–8, S. (8)
278: Lfg. 40, S. 11
280: Lfg. 40, S. 11
[281]: Lfg. 40, S. 11

. . . UND DANN DIE HERREN LEUTNANTS!
BETRACHTUNGEN ZU ‚WITIKO' & ADALBERT STIFTER

289: Lfg. 49, S. 3/9[7]

Die Schule der Atheisten
Novellen=Comödie
in 6 Aufzügen
Fischer: 1972
(Bock 1.1.21)

Vorbemerkungen
Die Seiten werden in der Paginierung zitiert, die der Autor ihnen gab, nicht in einer Hilfspaginierung (etwa derjenigen Bocks). Die Typoskript-Paginierung weist einige Sprünge auf, die der nachfolgenden Übersicht entnommen werden können:
1 bis 7
8 u. 9
10 bis 28
30 bis 271
Eine Zitierweise, wie sie für ZETTEL'S TRAUM üblich ist, hat sich für dieses Werk nicht durchgesetzt; deshalb sind die hin und wieder gegebenen Hinweise auf die zitierte Spalte bzw. Höhe nicht mit übernommen worden.

1: Lfg. 26, S. 20/23[106];
Lfg. 31, S. 15/21[155]
2: Lfg. 7–8, S. (9), S. (10), S. (11), S. (18); Lfg. 26, S. 3/20[3]
3: Lfg. 7–8, S. (18)
4: Lfg. 7–8, S. (8), S. (12);
Lfg. 26, S. 16/23[76], S. 17/23[78, 85]
5: Lfg. 7–8, S. (8), S. (18);
Lfg. 40, S. 13
6: Lfg. 7–8, S. (8); Lfg. 9, S. (16)
7: Lfg. 7–8, S. (9), S. (19);
Lfg. 26, S. 18/23[88]

Lfg. 46–48, S. 18
237: Lfg. 16, S. 10
239: Lfg. 7–8, S. (34);
Lfg. 46–48, S. 18
240: Lfg. 7–8, S. (35);
Lfg. 16, S. 22
242: Lfg. 7–8, S. (16), S. (34), S. (35); Lfg. 46–48, S. 18
243: Lfg. 26, S. 3/20[2]
247: Lfg. 7–8, S. (8);
Lfg. 43–44, S. 9/22[69]
252: Lfg. 37, S. 6/10[15]
254: Lfg. 7–8, S. (35)
255: Lfg. 40, S. 13
257: Lfg. 7–8, S. (16), S. (31), S. (35)
258: Lfg. 7–8, S. (17)
261: Lfg. 7–8, S. (9), S. (23);
Lfg. 26, S. 20/23[105, 107];
Lfg. 37, S. 9/11[43]
262: Lfg. 7–8, S. (35)
266 bis 267: Lfg. 26, S. 17/23[81]
267: Lfg. 7–8, S. (36);
Lfg. 26, S. 17/23[83]
267 bis 268: Lfg. 7–8, S. (36)
268: Lfg. 7–8, S. (5), S. (36), S. (37)
270: Lfg. 14, S. (5)/(25)[7], S. (9), S. (9)/(26)[48]

Die Sorte der Struwwelpeter
In: Frankfurter Rundschau
(Bock 1.2.57.04.27)

Lfg. 43–44, S. 19/24[162]

Die Struwwelpeter
Man kann Künstler sogar dreckig nennen
In: Die Zeit
(Bock 1.2.61.09.15)

Lfg. 31, S. 12/20[128]

die umsiedler
2 prosastudien
(kurzformen zur wiedergabe mehrfacher räumlicher verschiebung der handelnden bei festgehaltener einheit der zeit).
Frankfurter Verlagsanstalt: 1953
(Bock 1.1.3)

[Der Wolken Irregang]

[5]: Lfg. 43–44, S. 12
[41]: Lfg. 31, S. 6, S. 10/20[111]
48: Lfg. 32–33, S. 10/37[31]
60: Lfg. 43–44, S. 14

alexander oder
was ist die wahrheit?

Die Wundertüte
[unveröffentlicht]

Lfg. 43–44, S. 4/22[19]

350 Seiten über Karl May
In: Welt am Sonntag

(Bock 1.2.62.12.30)

Lfg. 31, S. 13/20[137]

DYA NA SORE
Gespräche in einer Bibliothek
Stahlberg: 1958
(Bock 1.1.9)

[3]: Lfg. 31, S. 8/19[66], S. 14/21[152]

VORSPIEL

10: Lfg. 49, S. 8/9[13]
11: Lfg. 49, S. 8/9[14, 15]
12: Lfg. 49, S. 8/9[17]

DYA NA SORE
BLONDESTE DER BESTIEN

[14]: Lfg. 31, S. 14/21[150]
17: Lfg. 16, S. 14
18: Lfg. 16, S. 15/16[17];
Lfg. 45, S. 14
20: Lfg. 35–36, S. 20
22: Lfg. 28–30, S. 4
25: Lfg. 35–36, S. 20, S. 21
30: Lfg. 4, S. (14)
45: Lfg. 35–36, S. 21

HERRN SCHNABELS SPUR
VON GESETZ DER TRISTANITEN

57: Lfg. 31, S. 4/17[17]

GOETHE
UND EINER SEINER BEWUNDERER

[100]: Lfg. 31, S. 5/18[30]
108: Lfg. 38–39, S. 22
117: Lfg. 38–39, S. 23
118: Lfg. 31, S. 8/19[65];
Lfg. 32–33, S. 7/37[19]
119: Lfg. 43–44, S. 8/22[53]
123: Lfg. 31, S. 6/18[32]
124: Lfg. 31, S. 6/18[41];
[Lfg. 40, S. 14]
130 bis 131: [Lfg. 40, S. 14]
131: Lfg. 31, S. 5/18[22]
132: Lfg. 43–44, S. 5/22[21, 28],
S. 8/22[56], S. 9/22[66], S. 9/23[72],
S. 17/24[150]
138: Lfg. 32–33, S. 7/37[19];
Lfg. 34, S. 19
140: Lfg. 31, S. 4/17[15]
142: Lfg. 31, S. 6/18[31]
148: Lfg. 43–44, S. 4/21[15]

DER SANFTE UNMENSCH
EINHUNDERT JAHRE NACHSOMMER

[194]: Lfg. 31, S. 10/20[103, 104, 105, 106]
206: Lfg. 31, S. 10/20[108]
211: Lfg. 28–30, S. 31[84]
226: Lfg. 45, S. 10

WIELAND
ODER DIE PROSAFORMEN

231: Lfg. 32–33, S. 11/38[41]
234: Lfg. 28–30, S. 29
235: Lfg. 28–30, S. 24
236: Lfg. 28–30, S. 23
236 bis 237: Lfg. 28–30, S. 24
237: Lfg. 28–30, S. 24
238: Lfg. 28–30, S. 24
239: Lfg. 28–30, S. 24, S. 24/33[180]
239 bis 240: Lfg. 28–30, S. 25
240: Lfg. 28–30, S. 25
241: Lfg. 28–30, S. 24, S. 25, S. 26
242: Lfg. 28–30, S. 26, S. 26/34[200]
243: Lfg. 28–30, S. 26, S. 27
243 bis 244: Lfg. 28–30, S. 27
244: Lfg. 28–30, S. 24, S. 27
244 bis 245: Lfg. 28–30, S. 27
245: Lfg. 28–30, S. 27, S. 28
246: Lfg. 28–30, S. 28
247: Lfg. 28–30, S. 28
248: Lfg. 28–30, S. 28
251: Lfg. 28–30, S. 28/34[225, 226], S. 28
264: Lfg. 31, S. 4/18[19]
266: Lfg. 45, S. 10; Lfg. 49, S. 15
271: [Lfg. 49, S. 16/17[13]]
274: Lfg. 16, S. 14

SIEBZEHN SIND ZUVIEL!
JAMES FENIMORE COOPER

[276]: Lfg. 31, S. 13/20[137]
292: Lfg. 34, S. 18
294: Lfg. 28–30, S. 3
297: Lfg. 35–36, S. 7

KLOPSTOCK
ODER VERKENNE DICH SELBST!

[310]: Lfg. 31, S. 14;
Lfg. 45, S. 3;
[Lfg. 49, S. 14, S. 15]
311: Lfg. 45, S. 3
328: Lfg. 49, S. 15
338: Lfg. 49, S. 15
349: Lfg. 49, S. 15
350 bis 351: Lfg. 31, S. 8/19[69]

DIE SCHRECKENSMÄNNER
KARL PHILIPP MORITZ ZUM 200. GEBURTSTAG

[356]: Lfg. 31, S. 15/21[158]
[356] ff.: Lfg. 45, S. 7
361: Lfg. 32–33, S. 17/38[53]

TINA
ODER ÜBER DIE UNSTERBLICHKEIT

[392]: Lfg. 31, S. 6/18[43]
396: Lfg. 43–44, S. 8/22[54]
415: Lfg. 31, S. 6/18[45]
416: Lfg. 31, S. 6/18[45]
423: Lfg. 31, S. 6/18[45]

Eberhard Schlotter,
Das zweite Programm
In: Akzente
(Bock 1.3.67.1)

113: Lfg. 45, S. 12

Eines Hähers: „TUÉ" und 1014 fallend.
In: Das Tagebuch und der moderne Autor
(Bock 1.3.65.1)

112: Lfg. 43–44, S. 5/22[31]
122 ff.: Lfg. 43–44, S. 11/23[93]
124: Lfg. 43–44, S. 17/24[153]

Ein Toast für Nummer 104
Rowohlts „Bild-Monos" starten die biografische Forschung über Karl May
In: Die Welt
(Bock 1.2.65.05.15)

Lfg. 31, S. 13/20[137]

Arno Schmidt über Stanislaus Joyce:
„Dubliner Tagebuch"
EIN VIR QUADRATUS
In: Der Spiegel
(Bock 1.2.64.06.03)

Lfg. 31, S. 9/19[79]

Finster war's, der Mond schien helle
In: Frankfurter Rundschau
(Bock 1.2.59.06.27)

Lfg. 31, S. 12/20[133]

Flüchtlinge, o Flüchtlinge!

In: Die Andere Zeitung
(Bock 1.2.58.03.20)

Lfg. 31, S. 6/18[40]

FONTANE UND DER ESKIMO
Ein Beitrag zur Technik und Geschichte der literarischen Restauration
In: AUGENBLICK
(Bock 1.3.55.5)

Lfg. 43–44, S. 19/24[162]
56: Lfg. 28–30, S. 3/30[4, 5]

FOUQUÉ
UND EINIGE SEINER ZEITGENOSSEN
Biographischer Versuch
2. verbesserte und beträchtlich vermehrte Auflage
Bläschke: 1960
(Bock 1.1.8.2)

[1]: Lfg. 31, S. 6
[3]: Lfg. 31, S. 6/18[33], S. 13/20[137]
11: Lfg. 4, S. (15); Lfg. 45, S. 9
33: Lfg. 28–30, S. 3;
Lfg. 31, S. 5/18[25];
Lfg. 43–44, S. 19/24[162]
86: Lfg. 31, S. 6/18[35];
Lfg. 46–48, S. 3
110: Lfg. 7–8, S. (7)
135: Lfg. 31, S. 6/18[42]
139: Lfg. 31, S. 11/20[121]
140: Lfg. 40, S. 12
167: Lfg. 45, S. 3
174 ff.: Lfg. 43–44, S. 9/23[75]
177: Lfg. 34, S. 18
189: Lfg. 31, S. 11/20[120]
207: Lfg. 43–44, S. 16/24[140]
217: Lfg. 38–39, S. 26
[271]: Lfg. 31, S. 9/19[93]
276 ff.: Lfg. 43–44, S. 11/23[94]
301: Lfg. 40, S. 12
320: Lfg. 43–44, S. 7/22[42]
321: Lfg. 43–44, S. 16/24[140]
324: Lfg. 43–44, S. 16/24[140]
367 ff: Lfg. 31, S. 9/19[95]
372: Lfg. 16, S. 21
[377]: Lfg. 31, S. 9/19[91]
404: Lfg. 43–44, S. 7/22[42],
S. 16/24[140]
433: Lfg. 31, S. 9/19[90]
472: Lfg. 23, S. 21
524: Lfg. 46–48, S. 10
526: Lfg. 43–44, S. 16/24[140]
529: Lfg. 43–44, S. 18
530: Lfg. 21–22, S. 23
550: Lfg. 16, S. 4
573: Lfg. 32–33, S. 6/37[18]
603: Lfg. 43–44, S. 10/23[86]
639: Lfg. 28–30, S. 10/31[63]
684 bis 687: Lfg. 46–48, S. 10

Geschenkte Weile
In: Frankfurter Rundschau
(Bock 1.2.55.10.28)

Lfg. 34, S. 19

Geschichten von der Insel Man
In: Frankfurter Allgemeine Zeitung
(Bock 1.2.57.04.06)

Lfg. 35–36, S. 16, S. 17, S. 18, S. 19

Geschichten von der Insel Man
In: Die Andere Zeitung
(Bock 1.2.58.05.01)

Lfg. 35–36, S. 16, S. 17, S. 18, S. 19

Geschichten von der Insel Man
In: Frankfurter Rundschau
(Bock 1.2.59.07.25)

Lfg. 35–36, S. 16, S. 17, S. 18, S. 19

Geschichten von der Insel Man
In: Die Zeit
(Bock 1.2.61.09.08)

Lfg. 35-36, S. 16, S. 17, S. 18, S. 19

Geschichten von der Insel Man
In: Verteidigung der Zukunft
(Bock 1.3.72.2)

Lfg. 35–36, S. 16, S. 17, S. 18, S. 19

[Grauqualmende Nebel umfeuchten]
In: BB, Lfg. 37

Lfg. 50, S. 22 bis 23

Große Herren wissen manches nicht
Erzählung
In: Der Tagesspiegel
(Bock 1.2.56.12.19)

Lfg. 43–44, S. 3/21[7]

Großer Kain!
In: konkret
(Bock 1.2.62.05.1)

Lfg. 31, S. 11/20[114]

Guglielmo
[unveröffentlicht]

Lfg. 43–44, S. 18

Haltet ihn!
Literarisch-politisch-religiöser Quiz
In: Die Kultur
(Bock 1.2.59.10.01)

Lfg. 31, S. 13/20[140]

Hände weg vom Lexikon!
In: Die Andere Zeitung
(Bock 1.2.58.04.10)

Lfg. 31, S. 13/20[140]

Arno Schmidt über James Fenimore Cooper:
„Die Prärie"
100 SIND ZU VIEL!
In: Der Spiegel
(Bock 1.2.64.02.05)

Lfg. 31, S. 13/20[137]

In Stiefeln sterben
In: 8-Uhr-Blatt
(Bock 1.2.64.05.16.1)

Lfg. 31, S. 15/21[161], S. 16; Lfg. 43–44, S. 19/24[168]

KAFF
auch
MARE CRISIUM
Stahlberg: 1960
(Bock 1.1.11)

KÜHE IN HALBTRAUER
Stahlberg: 1964
(Bock 1.1.15)

KÜHE IN HALBTRAUER

DIE WASSERSTRASSE

WINDMÜHLEN

GROSSER KAIN

SCHWÄNZE

DER SONN' ENTEGEN ...

KUNDISCHES GESCHIRR

DIE ABENTEUER DER SYLVESTERNACHT

CALIBAN ÜBER SETEBOS

280: Lfg. 3, S. (7)
281: Lfg. 3, S. (7), S. (10), S. (13)
281 bis 287: Lfg. 3, S. (10)
282: Lfg. 3, S. (7)
282 bis 283: Lfg. 3, S. (10)
283: Lfg. 3, S. (11), S. (15);
Lfg. 5–6, S. (17)
284: Lfg. 3, S. (13)
286: Lfg. 3, S. (5), S. (10);
Lfg. 5–6, S. (17)
287: Lfg. 3, S. (10)
288: Lfg. 5–6, S. (23)
289: Lfg. 3, S. (6);
Lfg. 5–6, S. (20), S. (23)
290 bis 291: Lfg. 3, S. (11)
292: Lfg. 3, S. (10)
293: Lfg. 3, S. (10)
294: Lfg. 3, S. (8), S. (10)
295: Lfg. 3, S. (7)
296: Lfg. 3, S. (25); Lfg. 45, S. 12
297: Lfg. 3, S. (7)
298: Lfg. 45, S. 13
299: Lfg. 3, S. (9)
301: Lfg. 3, S. (7), S. (8);
Lfg. 5–6, S. (17)
302: Lfg. 3, S. (4), S. (5), S. (9)
302 bis 312: Lfg. 3, S. (4)
303: Lfg. 3, S. (4), S. (5);
Lfg. 5–6, S. (17)
304: Lfg. 5–6, S. (18), S. (23)
305: Lfg. 3, S. (15); Lfg. 5–6, S. (20)
307: Lfg. 15, S. (8)
308: Lfg. 5–6, S. (18)
309: Lfg. 5–6, S. (18)
309 bis 310: Lfg. 5–6, S. (18)
310: Lfg. 3, S. (4), S. (5)
311: Lfg. 3, S. (4)
312: Lfg. 3, S. (4), S. (5), S. (7)
313: Lfg. 3, S. (8), S. (9), S. (11);
Lfg. 5–6, S. (18)
314: Lfg. 3, S. (9), S. (10)
315: Lfg. 5–6, S. (18)
316: Lfg. 3, S. (7)

Dr. Mac Intosh:
‚PIPORAKEMES!'

317: Lfg. 2, S. (14);
Lfg. 31, S. 9/19[81]
320: Lfg. 20, S. 10
321: Lfg. 31, S. 16/21[170]
325: Lfg. 15, S. (8)
327: Lfg. 15, S. (6)
328: Lfg. 43–44, S. 17
333: Lfg. 15, S. (6)
340: Lfg. 2, S. (14)
345 bis 346: Lfg. 15, S. (8), S. (12)
346: Lfg. 38–39, S. 30[23]

Legende vom braven Mann
Notwendige Berichtigung, zugleich eine nachdenkliche Probe verschiedenartiger Geschichtsauffassung
In: Die Andere Zeitung
(Bock 1.2.59.04.16)

Lfg. 43–44, S. 3/21[11]

LEVIATHAN

Rowohlt: 1949
(Bock 1.1.1)

[3]: Lfg. 31, S. 11/20[119]

GADIR
oder
ERKENNE DICH SELBST

[9]: Lfg. 31, S. 13/21[145]
13: Lfg. 43–44, S. 8/22[62]
28: Lfg. 32–33, S. 10/37[32]

LEVIATHAN
oder
DIE BESTE DER WELTEN

[43]: Lfg. 31, S. 14/21[147, 148]
46: Lfg. 43–44, S. 9/23[79]
47: Lfg. 43–44, S. 8/22[61]
48 bis 49: Lfg. 32–33, S. 10/37[29]
52: Lfg. 38–39, S. 22
56: Lfg. 14/21[151]

ENTHYMESIS
oder
W. I. E. H.

[77]: Lfg. 31, S. 9/19[79], S. 11/20[122], S. 12
84: Lfg. 43–44, S. 13/23[116], S. 14/23[122]
89: Lfg. 31, S. 3/17[10]
101: Lfg. 43–44, S. 15, S. 16
102: Lfg. 43–44, S. 16
103: Lfg. 43–44, S.15, S. 16
110: Lfg. 31, S. 3/17[11]

Leviathan
Suhrkamp: 1963 (BS 104)
(Bock 1.1.1.1)

Gadir oder Erkenne dich selbst

[5]: Lfg. 45, S. 3
7: Lfg. 14, S. (5)/(25)[11]; Lfg. 16, S. 3, S. 5
8: Lfg. 14, S. (12)/(26)[69]; Lfg. 16, S. 14
9: Lfg. 14, S. (5)/(25)[12]; Lfg. 16, S. 3, S. 4
10: Lfg. 14, S. (5)/(25)[13], S. (6)/(25)[20], S. (12)/(26)[69]; Lfg. 16, S. 3, S. 9, S. 19
11: Lfg. 16, S. 3
12: Lfg. 14, S. (12)/(26)[69]
13: Lfg. 16, S. 9
14: Lfg. 14, S. (10)/(26)[61];

SCHWARZE SPIEGEL
Fischer: 1974 (FTB 1476)
(Bock 1.1.1.3)

LEVIATHAN
oder
DIE BESTE DER WELTEN

25: Lfg. 21–22, S. 11

SCHWARZE SPIEGEL

43: Lfg. 21–22, S. 15
44: Lfg. 21–22, S. 16
49: Lfg. 21–22, S. 16
52: Lfg. 21–22, S. 16
58: Lfg. 21–22, S. 16
59: Lfg. 21–22, S. 17
71: Lfg. 21–22, S. 17
77: Lfg. 21–22, S. 18
81: Lfg. 21–22, S. 18
81 bis 82: Lfg. 21–22, S. 11
82: Lfg. 21–22, S. 18
84: Lfg. 21–22, S. 5
86: Lfg. 21–22, S. 18, S. 19
89: Lfg. 21–22, S. 19
90: Lfg. 21–22, S. 19
95: Lfg. 21–22, S. 20
98: Lfg. 21–22, S. 20
100: Lfg. 21–22, S. 20
109: Lfg. 21–22, S. 20
121: Lfg. 21–22, S. 21
124: Lfg. 21–22, S. 21
125: Lfg. 21–22, S. 21
126 bis 127: Lfg. 21–22, S. 21
130: Lfg. 21–22, S. 22, S. 23
131: Lfg. 21–22, S. 23

Lilienthal
[unveröffentlicht]

Lfg. 43–44, S. 17

Magnus nascitur ordo
In: Frankfurter Rundschau
(Bock 1.2.69.06.14)

Lfg. 21–22, S. 7; Lfg. 31, S. 9/19[79]; Lfg. 43–44, S. 8/22[52]

Meine Bibliothek
In: Die Zeit
(Bock 1.2.65.06.04)

Lfg. 31, S. 15/21[156]

NACHRICHTEN AUS DEM LEBEN EINES LORDS
Fischer: 1975 (FTB 1622)
(Bock 1.1.18.1)

DER TRITON MIT DEM SONNENSCHIRM
(ÜBERLEGUNGEN ZU EINER LESBARMACHUNG VON „FINNEGANS WAKE")

209: Lfg. 46–48, S. 29
212: Lfg. 46–48, S. 15

KALEIDOSKOPISCHE KOLLIDIER-ESKAPADEN

310: Lfg. 50, S. 19, S. 21
318: Lfg. 46–48, S. 15

Nachrichten von Büchern und Menschen
Band 1
Zur Literatur des 18. Jahrhunderts
Fischer: 1971 (FTB 1164)
(Bock 1.1.9.4)

[3]: Lfg. 31, S. 15/21[156]

Herrn Schnabels Spur
Vom Gesetz der Tristaniten

38: Lfg. 14, S. (7)/(26)[40]
55 ff.: Lfg. 17–18, S. 25

Belphegor, oder Wie ich euch hasse

86: Lfg. 14, S. (7)/(26)[35]
87: Lfg. 14, S. (8)/(26)[45]
104: Lfg. 14, S. (15)/(26)[87]

Wieland, oder Die Prosaformen

127: Lfg. 14, S. (17)/(27)[99]
133: Lfg. 14, S. (6)/(25)[24]
144: Lfg. 14, S. (6)/(25)[23]
146: Lfg. 17–18, S. 16

Die Schreckensmänner
Karl Philipp Moritz zum 200. Geburtstag

154: Lfg. 14, S. (8)/(26)[46]

Herder, oder Vom Primzahlmenschen

201: Lfg. 40, S. 6

Nachrichten von Büchern und Menschen
Band 2
Zur Literatur des 19. Jahrhunderts
Fischer: 1971 (FTB 1217)
(Bock 1.1.9.5)

[3]: Lfg. 31, S. 15/21[156]

'Funfzehn'
Vom Wunderkind der Sinnlosigkeit

7 bis 9: Lfg. 40, S. 4
9: Lfg. 40, S. 4
10: Lfg. 40, S. 4
10 bis 11: Lfg. 40, S. 4
11 bis 12: Lfg. 40, S. 5
12 bis 13: Lfg. 40, S. 5
13: Lfg. 40, S. 5
14: Lfg. 40, S. 5
14 bis 15: Lfg. 40, S. 5
15: Lfg. 40, S. 5, S. 6
16: Lfg. 40, S. 6
17: Lfg. 40, S. 6, S. 7
18: Lfg. 40, S. 7
19: Lfg. 40, S. 7
20: Lfg. 40, S. 5, S. 7, S. 8
21: Lfg. 40, S. 8
43: Lfg. 40, S. 9
44: Lfg. 40, S. 9
44 bis 46: Lfg. 40, S. 10
47 bis 48: Lfg. 40, S. 10
22: Lfg. 14, S. (13)/(26)[77]
23: Lfg. 40, S. 8
25 bis 26: Lfg. 40, S. 8
27 bis 28: Lfg. 40, S. 8
29: Lfg. 40, S. 8
29 bis 30: Lfg. 40, S. 8
31 bis 32: Lfg. 40, S. 8
32: Lfg. 40, S. 8
33: Lfg. 40, S. 9
35: Lfg. 40, S. 9
36 bis 37: Lfg. 40, S. 9
37: Lfg. 40, S. 9
38 bis 39: Lfg. 40, S. 9
39: Lfg. 40, S. 9
40 bis 41: Lfg. 40, S. 9
41 bis 42: Lfg. 40, S. 9
48: Lfg. 40, S. 10, S. 11
51: Lfg. 40, S. 11
52: Lfg. 40, S. 11

Der sanfte Unmensch
Einhundert Jahre Nachsommer

114: [Lfg. 49, S. 3]
115: Lfg. 14, S. (7)/(26)[36]; Lfg. 49, S. 3
119: Lfg. 49, S. 4, S. 4/19[11], S. 5
120: Lfg. 49, S. 5
121: Lfg. 49, S. 3, S. 6
122: Lfg. 49, S. 3, S. 4, S. 6, S. 7
123: Lfg. 49, S. 3, S. 3/9[2]
125 bis 126: Lfg. 49, S. 3
132: Lfg. 49, S. 4
133 bis 134: Lfg. 49, S. 3/9[2]
134: Lfg. 49, S. 3
135: Lfg. 49, S. 8/9[12]

Hundert Jahre
Einem Manne zum Gedenken

Goethe
und Einer seiner Bewunderer

Nobodaddy's Kinder
Trilogie
Aus dem Leben eines Fauns
Brand's Haide
Schwarze Spiegel
Rowohlt: 1963 (RP 23)
(Bock 1.1.13)

Aus dem Leben eines Fauns

Brand's Haide

93: Lfg. 43–44, S. 5/22[25]
[nicht S. 92!]
102: Lfg. 14, S. (17)/(26)[97]
103: Lfg. 31, S. 10/20[101];
Lfg. 49, S. 12
105: Lfg. 7–8, S. (23)
108: Lfg. 49, S. 11
113: Lfg. 45, S. 7;
Lfg. 49, S. 11, S. 12
134: Lfg. 45, S. 7
135: Lfg. 16, S. 8
138: Lfg. 43–44, S. 10/23[83]
139: Lfg. 16, S. 19; Lfg. 45, S. 8
140: Lfg. 49, S. 12
142: Lfg. 16, S. 12; Lfg. 45, S. 8
147: Lfg. 49, S. 12

Schwarze Spiegel

[169]: Lfg. 31, S. 6/18[37]
173: Lfg. 43–44, S. 4/21[17]
174: Lfg. 3, S. (14)
175: Lfg. 45, S. 4, S. 8
175 bis 176: Lfg. 45, S. 8
178: Lfg. 23, S. [23]
181: Lfg. 31, S. 11/20[122]
181 bis 182: Lfg. 43–44, S. 4/21[18]
182: Lfg. 34, S. 18
187: Lfg. 31, S. 3/17[9];
Lfg. 43–44, S. 15/24[133, 135]
188: Lfg. 2, S. (6)
189: Lfg. 43–44, S. 8/22[63]
199 bis 200: Lfg. 31, S. 13/20[136]
201: Lfg. 14, S. (9), S. (17)/(26)[97];
Lfg. 32–33, S. 12/38[42]
202: Lfg. 14, S. (9)
204: Lfg. 14, S. (4)
205: Lfg. 31, S. 3/17[6]; Lfg. 45, S. 8
207: Lfg. 45, S. 8
216: Lfg. 31, S. 16
219: Lfg. 43–44, S. 15/24[136]
220: Lfg. 43–44, S. 15, S. 16
220 bis 223: Lfg. 43–44, S. 15/24[137]
221: Lfg. 43–44, S. 15, S. 16
222: Lfg. 43–44, S. 15, S. 16

[Noten auf rotem Grund]
In: Texte und Zeichen
(Bock 1.3.55.1)

[9]: Lfg. 43–44, S. 12

Orpheus
Fünf Erzählungen
Fischer: 1970 (FTB 1133)
(Bock 1.1.15.1)

Caliban über Setebos

7: Lfg. 5–6, S. (9), S. (10)
8: Lfg. 3, S. (15);
Lfg. 5–6, S. (10), S. (12)
9: Lfg. 5–6, S. (10)

10: Lfg. 5–6, S. (9)
11: Lfg. 5–6, S. (10)
12: Lfg. 5–6, S. (4), S. (13)
13: Lfg. 3, S. (15);
Lfg. 5–6, S. (4), S. (12), S. (21)
15 ff.: Lfg. 5–6, S. (10)
18: Lfg. 5–6, S. (13), S. (21)
19: Lfg. 5–6, S. (21)
20: Lfg. 5–6, S. (21)
21: Lfg. 5–6, S. (5), S. (7), S. (21)
22: [Lfg. 5–6, S. (4)];
Lfg. 5–6, S. (22)
23: Lfg. 3, S. (15)
24: Lfg. 5–6, S. (11)
25: Lfg. 3, S. (15)
27: Lfg. 3, S. (15)
29: Lfg. 5–6, S. (9)
31: Lfg. 5–6, S. (11), S. (22)
32: Lfg. 5–6, S. (6)
33: Lfg. 5–6, S. (8)
35: Lfg. 5–6, S. (5)
36: Lfg. 3, S. (15); Lfg. 5–6, S. (7),
S. (8), S. (22); Lfg. 46–48, S. 27
37: Lfg. 3, S. (15); Lfg. 5–6, S. (7);
Lfg. 46–48, S. 28
38: Lfg. 3, S. (15)
39: Lfg. 5–6, S. (11)
40: Lfg. 3, S. (15)
41: Lfg. 5–6, S. (22)
44: Lfg. 3, S. (15)
47: Lfg. 5–6, S. (23)
48: Lfg. 5–6, S. (11), S. (23)
52: Lfg. 3, S. (15)
55: Lfg. 5–6, S. (11)
56: Lfg. 5–6, S. (4), S. (10)
57: Lfg. 5–6, S. (23)
58: Lfg. 3, S. (15)
59: Lfg. 5–6, S. (12)
63: Lfg. 5–6, S. (13)

Der Sonn' entgegen

103: Lfg. 49, S. 14

Die Abenteuer der Sylvesternacht

143: Lfg. 14, S. (8)/(26)[45]

Panorama von ZETTELS TRAUM
eine Selbstanzeige
Textniederschrift einer Hörfunksendung
oder der Versuch
ein nicht erhältliches MS zu rekonstruieren
mit Anmerkungen und einem Motto versehen
Privatdruck: 1969
(Bock 1.1.19)

3: Lfg. 19, S. 9/14[19]

Papa Luna
[unveröffentlicht]

Lfg. 43–44, S. 16, S. 17

PHAROS, oder von der Macht der Dichter
In: Abend mit Goldrand
(Bock 1.1.22)

Lfg. 43–44, S. 12, S. 13

ROSEN & PORREE
Stahlberg: 1959
(Bock 1.1.10)

[3]: Lfg. 31, S. 16/21[164]

SEELANDSCHAFT MIT POCAHONTAS

[7]: Lfg. 31, S. 16/21[168]
13: Lfg. 43–44, S. 12/23[108]
14: Lfg. 14, S. (7)/(26)[37]
23: Lfg. 32–33, S. 28/39[81]
23 bis 24: Lfg. 31, S. 14/21[146]
32: Lfg. 14, S. (5)/(25)[8]
37: Lfg. 49, S. 10/27[2], S. 13
46: Lfg. 49, S. 10
57: Lfg. 35–36, S. 7
62: Lfg. 14, S. (7)/(26)[38]

ALEXANDER
ODER
WAS IST WAHRHEIT

125: Lfg. 16, S. 23
129: Lfg. 14, S. (15)/(26)[85]
131 bis 132: Lfg. 16, S. 6
132: Lfg. 16, S. 6
133: Lfg. 14, S. (5)/(25)[18],
S. (15)/(26)[81]
135: Lfg. 14, S. (15)/(26)[82]
138: Lfg. 16, S. 5/9[13]
140: Lfg. 16, S. 20
146: Lfg. 14, S. (6)/(25)[29]
148: Lfg. 16, S. 10
150: Lfg. 14, S. (11)/(26)[65]
151: Lfg. 14, S. (11)/(26)[66]
157: Lfg. 16, S. 23
158: Lfg. 16, S. 23
162: Lfg. 14, S. (11)/(26)[65]
163 bis 164: Lfg. 14, S. (5)/(25)[19]
165: Lfg. 14, S. (5)/(25)[18]
171 bis 172: Lfg. 16, S. 6
172: Lfg. 16, S. 7
172 bis 173: Lfg. 16, S. 6
173: Lfg. 16, S. 7, S. 8
174: Lfg. 16, S. 8
175: Lfg. 16, S. 8
178: Lfg. 16, S. 20

KOSMAS
ODER VOM BERGE DES NORDENS

183: Lfg. 35–36, S. 20
203: Lfg. 11–13, S. (15)
207: Lfg. 45, S. 7
209: Lfg. 45, S. 8

210: Lfg. 45, S. 9
252: Lfg. 43–44, S. 6
253: Lfg. 45, S. 12
259: Lfg. 16, S. 15/16[18]
274: Lfg. 16, S. 4

BERECHNUNGEN I

283: Lfg. 31, S. 13/20[138]
284: Lfg. 10, S. (15);
Lfg. 14, S. (11)/(26)[68]
285: Lfg. 15, S. (4)
286: Lfg. 14, S. (11)/(26)[64]
287: Lfg. 2, S. (15); Lfg. 31,
S. 11/20[121], S. 13/20[139];
Lfg. 32–33, S. 6/37[18]
287 ff.: Lfg. 41–42, S. 3/27[8]
[288]: Lfg. 14, S. (12)/(26)[73];
Lfg. 43–44, S. 5/22[23],
S. 8/22[60]
[288] bis [289]: Lfg. 43–44,
S. 5/22[27], S. 13/23[112]
[289]: Lfg. 43–44, S. 5/22[24, 26]
291: Lfg. 45, S. 5
292: Lfg. 14, S. (11)/(26)[67]

BERECHNUNGEN II

293: Lfg. 31, S. 13/20[138]
294 bis 295: Lfg. 41–42, S. 23/31[152]
295 bis 296: Lfg. 14, S. (11)
298: Lfg. 14, S. (12);
Lfg. 41–42, S. 13/29[75]
300: Lfg. 45, S. 9
301: Lfg. 45, S. 9
[304]: Lfg. 45, S. 9
[304] bis [305]: Lfg. 43–44,
S. 5/22[27]
[305]: Lfg. 14, S. (12)/(26)[71];
Lfg. 43–44, S. 8/22[60];
Lfg. 45, S. 9
307: Lfg. 14, S. (9)/(26)[54], S. (15);
Lfg. 43–44, S. 4/21[15],
S. 7/22[34], S. 12/23[107],
S. 13/23[111]
307 bis 308: Lfg. 43–44, S. 6/22[32]
308: Lfg. 43–44, S. 7/22[37]

Sataspes
[unveröffentlicht]

Lfg. 43–44, S. 13, S. 14, S. 15

SCHWÄNZE
Fünf Erzählungen
Fischer: 1976 (FTB 1742)
(Bock 1.1.15.3)

Dr. Mac Intosh:
‚PIPORAKEMES!'

120: Lfg. 46–48, S. 24

[Schwierigkeiten heute die Wahrheit zu schreiben]
In: Schwierigkeiten heute die Wahrheit zu schreiben
(Bock 1.3.64.1)

142: Lfg. 31, S. 10/20[112]
152: Lfg. 26, S. 6/21[19]

Seelandschaft mit Pocahontas
In: Texte und Zeichen
(Bock 1.3.55.1)

37: Lfg. 31, S. 19[55]

Seelandschaft mit Pocahontas
Erzählungen
Fischer: 1966 (FiBü 719)
(Bock 1.1.10.1)

Kosmas oder Vom Berge des Nordens

105: Lfg. 14, S. (18)
112: Lfg. 14, S. (15)/(26)[79]
115: Lfg. 14, S. (8)/(26)[42],
S. (15)/(26)[81]
116 bis 117: Lfg. 14, S. (18)
118: Lfg. 14, S. (18)
122: Lfg. 14, S. (17)/(27)[99]
130 bis 131: Lfg. 14, S. (12)/(26)[74]
147: Lfg. 14, S. (15)/(26)[80]

Seines Bruders Schmäher
Das Geheimnis von Finnegans Wake (II)
In: Die Zeit
(Bock 1.2.60.12.09)

Lfg. 31, S. 11/20[113]

SITARA
UND DER WEG DORTHIN
Eine Studie über Wesen, Werk & Wirkung KARL MAY'^s^
Stahlberg: 1963
(Bock 1.1.14)

112: [Lfg. 34, S. 16]
158 bis 159: Lfg. 37, S. 3/9[9]
188: Lfg. 16, S. 21
215: Lfg. 45, S. 3
303: Lfg. 3, S. (13)

Sitara
und der Weg dorthin
Eine Studie über Wesen, Werk & Wirkung Karl Mays
Fischer: 1969 (FTB 968)
(Bock 1.1.14.1)

35 ff.: Lfg. 32–33, S. 27/39[77]
86: Lfg. 41–42, S. 14/30[84]
109 bis 137: Lfg. 31, S. 9/19[76]; Lfg. 32–33, S. 30/39[85]
118 bis 119: Lfg. 32–33, S. 27/39[78]
246 ff.: Lfg. 32–33, S. 35/39[88]
261: Lfg. 31, S. 7/19[58]

Stützpunkt
[unveröffentlicht]

Lfg. 43–44, S. 5/22[28]

Tausend Zungen
In: Süddeutsche Zeitung
(Bock 1.2.55.04.30)

Lfg. 31, S. 11/20[116, 117], S. 13/20[137]

Tina / oder über die Unsterblichkeit
Nachrichten von Büchern und Menschen
Fischer: 1966 (FiBü 755)
(Bock 1.1.10.1)

Tina
oder über die Unsterblichkeit

6: Lfg. 14, S. (20)/(27)[105]
10: Lfg. 26, S. 8/21[39]
17: Lfg. 26, S. 9/21[41]
18: Lfg. 26, S. 9/21[40], S. 9/22[44]
20: Lfg. 26, S. 9/22[45]

Dya Na Sore
Blondeste der Bestien

28 bis 29: Lfg. 14, S. (5)/(25)[16]

Müller
oder vom Gehirntier

57: Lfg. 14, S. (16)/(26)[93]
62 bis 63: Lfg. 14, S. (8)/(26)[45]
73: Lfg. 14, S. (5)/(25)[15] S. (8)/(26)[45]
74: Lfg. 14, S. (7)/(26)[33]

Massenbach
Historische Revue

90 bis 94: [Lfg. 14, S. (5)]
93: Lfg. 14, S. (5)/(25)[17]
99: Lfg. 14, S. (6)/(25)[30]
165: Lfg. 14, S. (7)/(26)[39]
165 ff.: Lfg. 14, S. (7)/(26)[32]

Todesstrafe bei Sonnenschein
In: Die Kultur
(Bock 1.2.56.07.01)

Lfg. 43–44, S. 8/22[63]

TROMMLER BEIM ZAREN
Stahlberg: 1966
(Bock 1.1.17)

TROMMLER BEIM ZAREN

9: Lfg. 32–33, S. 23
10: Lfg. 32–33, S. 8, S. 9, S. 19, S. 26; Lfg. 43–44, S. 12/23[106]
11: Lfg. 32–33, S. 11, S. 19, S. 22, [S. 27/39[77]], S. 27
12: Lfg. 32–33, S. 9, S. 10, S. 11, [S. 17/38[54]], [S. 22]
13: Lfg. 32–33, S. 8, S. 9, S. 22
14: Lfg. 32–33, S. 7, S. 23
15: Lfg. 32–33, S. 11, S. 19, S. 23
[16]: Lfg. 32–33, S. 20

SCHLÜSSELTAUSCH

17: Lfg. 16, S. 10, S. 23;
Lfg. 32–33, S. 18/38[55];
Lfg. 43–44, S. 13/23[118],
S. 14/23[119]
18: Lfg. 31, S. 12/20[127];
Lfg. 32–33, S. 12/38[43],
S. 20/38[60];
Lfg. 43–44, S. 19/24 [160]

LUSTIG IST DAS ZIGEUNERLEBEN

29 bis 30: Lfg. 31, S. 12/20[132]

DIE VORSICHTIGEN

34: Lfg. 32–33, S. 10/37[29]

SELTSAME TAGE

38: Lfg. 32–33, S. 11/38[40]

39 bis 40: Lfg. 41–42, S. 21/31[142]

ROLLENDE NACHT

44: Lfg. 15, S. (9)

[45]: Lfg 49, S. 10/17[1]

WAS SOLL ICH TUN?

46: Lfg. 31, S. 13/20[141], S. 13/21[142]

47: Lfg. 43–44, S. 8/22[60]

RIVALEN

52: Lfg. 45, S. 5

AM FERNROHR

55: Lfg. 32–33, S. 11/38[39]

59: Lfg. 20, S. 19;
Lfg. 43–44, S. 10/23[90]

GESCHICHTEN VON DER INSEL MAN

61: Lfg. 31, S. 14/21[154];
Lfg. 32–33, S. 11/38[40];
Lfg. 35–36, S. 16, S. 17, S. 18, S. 19
62: Lfg. 35–36, S. 16, S. 17, S. 18, S. 19
63: Lfg. 35–36, S. 16, S. 17, S. 18, S. 19
64: Lfg. 35–36, S. 16, S. 17, S. 18, S. 19
[65]: Lfg. 35–36, S. 16, S. 17, S. 18, S. 19

SCHULAUSFLUG

66 ff.: Lfg. 34, S. 7;
Lfg. 43–44, S. 12/23[103]
73: Lfg. 14, S. (9)/(26)[53];
Lfg. 16, S. 23;
Lfg. 43–44, S. 14/24[128], S. 15/24[132]
77: Lfg. 49, S. 12

ZÄHLERGESANG

80: Lfg. 32–33, S. 11/38[40]

83 bis 84: Lfg. 34, S. 19

NEBENMOND UND ROSA AUGEN
(Nr. 24 aus der Faust-Serie des Verfassers)

85: Lfg. 31, S. 5/18[26];
Lfg. 43–44, S. 18

85 bis 96: Lfg. 43–44, S. 9/23[73]

STÜRENBURG-GESCHICHTEN

[95]: Lfg. 43–44, S. 3/21[5]

EIN LEBEN IM VORAUS

97: Lfg. 43–44, S. 10/23[89]
97 ff.: Lfg. 31, S. 7/19[62]
99: Lfg. 7–8, S. (7)

SOMMERMETEOR

109: Lfg. 35–36, S. 5

ER WAR IHM ZU ÄHNLICH

121: Lfg. 35–36, S. 6

SCHWARZE HAARE

126 bis 130: Lfg. 43–44, S. 3/21[10]

KRAKATAU
(Am 26. und 27. August 1883, vor 75 Jahren, erfolgte die größte aller historisch bekannten Katastrofen)

137: Lfg. 35–36, S. 21
137 bis 138: Lfg. 35–36, S. 21
138: Lfg. 35–36, S. 22;
Lfg. 37, S. 13
138 bis 139: Lfg. 35–36, S. 22
139: Lfg. 35–36, S. 23
139 bis 140: Lfg. 35–36, S. 23
140: Lfg. 35–36, S. 23
140 bis 141: Lfg. 35–36, S. 24
141: Lfg. 35–36, S. 24, S. 31
141 bis 142: Lfg. 35–36, S. 25
142: Lfg. 35–36, S. 25
142 bis 143: Lfg. 35–36, S. 25
143: Lfg. 35–36, S. 26
144: Lfg. 35–36, S. 26, S. 27
145: Lfg. 35–36, S. 26, S. 28
146: Lfg. 35–36, S. 29
147: Lfg. 35–36, S. 29, S. 30
148: Lfg. 35–36, S. 30
149: Lfg. 35–36, S. 30

DIE KREISSCHLÖSSER

155: Lfg. 23, S. 11

DIE GESCHICHTE VOM RIESEN JERMAK

177: Lfg. 17–18, S. 26
181: Lfg. 2, S. (14)

HENOCH, NT, und KOSMAS
(vgl. ‚KOSMAS' in ‚ROSEN & PORREE' – auch Fischer-Taschenbuch Nr. 719)

192: Lfg. 14, S. (16)/(26)[90]

GERMINAL
Vom großen Kalender

196: Lfg. 31, S. 9/19[80]

DAS BUCH MORMON

207: Lfg. 31, S. 10/20[109]
210 bis 211: Lfg. 16, S. 21
214 ff.: Lfg. 4, S. (13)

ALAS, POOR YORICK

231: Lfg. 31, S. 9/19[87]
232: Lfg. 32–33, S. 25/38[73];
Lfg. 45, S. 14
234: Lfg. 32–33, S. 25/38[72]

DIE 10 KAMMERN DES BLAUBART

243: Lfg. 45, S. 8, S. 14
244: Lfg. 16, S. 15
249: Lfg. 45, S. 9

SYLVIE & BRUNO
Dem Vater der modernen Literatur ein Gruß!

253: Lfg. 38–39, S. 23, S. 26
254: Lfg. 38–39, S. 23, S. 24
255: Lfg. 38–39, S. 26
256: Lfg. 38–39, S. 9, S. 24
257: Lfg. 38–39, S. 10, S. 14, S. 21,
S. 22, S. 24
258: Lfg. 15, S. (7), S. (9);
Lfg. 38–39, S. 10, S. 11, S. 14,
S. 16
259: Lfg. 38–39, S. 10, S. 12
260: Lfg. 38–39, S. 24, S. 26
261: Lfg. 38–39, S. 26
262: Lfg. 38–39, S. 18, S. 26, S. 28
262 bis 263: Lfg. 38–39, S. 18
263: Lfg. 38–39, S. 18
264: Lfg. 38–39, S. 25
265: Lfg. 3, S. (11), S. (14);
Lfg. 38–39, S. 25
266: Lfg. 38–39, S. 14, S. 16, S. 27
266 bis 267: Lfg. 20, S. 3
267: Lfg. 38–39, S. 13, S. 18, S. 25,
S. 26
268: Lfg. 20, S. 3;
Lfg. 38–39, S. 16
269: Lfg. 15, S. (12);
Lfg. 38–39, S. 18, S. 24
269 bis 270: Lfg. 32–33, S. 10/37[34]
271: Lfg. 45, S. 14

UND ES BLITZTEN DIE STERNE . . .
(Über eines der Hülfsmittel des Schriftstellers)

VON DEUTSCHER ART UND KUNST
(James Jones und der Text der ‚Entwurzelten')

Dichter & ihre Gesellen:
JULES VERNE

DER PLATZ, AN DEM ICH SCHREIBE

BEGEGNUNG MIT FOUQUÉ

354: Lfg. 31, S. 6/18[34];
Lfg. 32–33, S. 8/37[20]
355: Lfg. 38–39, S. 25
355 bis 359: Lfg. 16, S. 10
356: Lfg. 16, S. 10

AUF ARNO SCHMIDT'S ‚ROSEN & PORREE'

360: Lfg. 2, S. (14);
Lfg. 14, S. (17)/(26)[97];
Lfg. 31, S. 4/18[20];
Lfg. 43–44, S. 12/23[105]

Ulysses in Deutschland
Kritische Anmerkungen zu einer James-Joyce-Uebersetzung
In: Frankfurter Allgemeine Zeitung
(Bock 12.57.10.26)

Lfg. 46–48, S. 6

Unsichtbare Magd
[unveröffentlicht]

Lfg. 43–44, S. 17

Unsterblichkeit für Amateure
In: Die Zeit
(Bock 1.2.63.11.08)

Lfg. 28–30, S. 23/33[163, 164]

VOM ISKANDER ZUM ALEXANDER
Mein Gedicht
Albert Ehrenstein (1886–1950):
Iskander
In: Die Zeit
(Bock 1.2.60.01.15)

Lfg. 23, S. 6, S. [23]

VORLÄUFIGES ZU ZETTELS TRAUM
Fischer: 1977
(Bock 1.1.23)

3: Lfg. 27, S. 8, S. 9
4: Lfg. 27, S. 9, S. 10;
Lfg. 34, S. 10;
8: Lfg. 31, S. 4/18[21];
Lfg. 41–42, S. 21/31[140]
9: Lfg. 28–30, S. 4/30[7]; Lfg. 31,

Lfg. 43–44, S. 16/24[143], S. 17/24[149]

S. 4/18[21]; Lfg. 38–39, S. 25
10: Lfg. 31, S. 4/18[21]

Was soll ich tun?
In: Die Andere Zeitung
(Bock 1.2.58.10.02)

Lfg. 31, S. 13/20[144], S. 13/21[142]

Wer schützt die Autoren vor ihren Erben?
Ein Beitrag zur Diskussion über das Urheberrecht
In: Süddeutsche Zeitung
(Bock 1.2.61.08.08)

Lfg. 31, S. 13/20[141]

Windmühlen
In: konkret
(Bock 1.2.60.11.15)

Lfg. 46–48, S. 6

ZETTEL'S TRAUM
Stahlberg: 1970
(Bock 1.1.20)

Vorbemerkungen

Die Seiten werden in der Paginierung zitiert, die der Autor ihnen gab, nicht in einer Hilfspaginierung, (etwa derjenigen Bocks). Die Typoskript-Paginierung weist Sprünge auf, die der nachfolgenden Übersicht entnommen werden können.

[1] [= Titelseite des Typoskripts]
2
2a
3 bis 273
273A
273B
274 bis 385
385B
386 bis 489
491 bis 514
516 bis 521
523
522
524 bis 642
643–645
645a
645b
646
647A
647B
648 bis 955

955a
956 bis 1096
1096a
1097 bis 1330

In der Regel sind außer der Seitenzahl auch die Spalte und die ungefähre Höhe angegeben. Diese Angaben sind nach folgendem Schema standardisiert worden:

linke Spalte, oben	mittlere Spalte, oben	rechte Spalte, oben
linke Spalte, Mitte	mittlere Spalte, Mitte	rechte Spalte, Mitte
linke Spalte, unten	mittlere Spalte, unten	rechte Spalte, unten

Abgekürzt (und hierin liegt die Standardisierung) werden diese Planquadrate angegeben als:

lo	mo	ro
lm	mm	rm
lu	mu	ru

Eine Seite des Buches kann zitiert werden: als ganze (z. B.: 123), mit Bezeichnung von Spalte und Höhe (z. B. 123 mm) und als Teil einer Passage, die über eine Seite hinaus geht (z. B. 123 mm bis 124 mo). Im Fundstellennachweis wird zunächst die ganze Seite, dann werden Seitenteile aufgeführt; Passagen werden dort eingefügt, wo ihr Anfang hingehört; wenn der Anfang zugleich auch einzeln erscheint, wird der Passagenachweis nachgestellt.

Beispiel:
123
123 bis 125
123 lo
123 mo
123 ro
123 ro bis ru
123 lm
123 mm
123 rm
123 lu
123 lu bis 124 lm
123 mu
123 ru

[1]: Lfg. 31, S. 6, S. 16/21[165]; Lfg. 46–48, S. 3
2: Lfg. 9, S. (16)
3: Lfg. 46–48, S. 3
4: Lfg. 9, S. (3); Lfg. 14, S. (4), S. (21); [Lfg. 19, S. 13]; Lfg. 31, S. 9/19[83]; Lfg. 34, S. 10; Lfg. 43–44, S. [31]; Lfg. 46–48, S. 23; Lfg. 50, S. 19, S. 20, S. 21
4 lo: Lfg. 2, S. (3); Lfg. 34, S. 3
4 mo: Lfg. 1, S. (5); Lfg. 2, S. (3); Lfg. 9, S. (16); Lfg. 24–25, S. 16; Lfg. 34, S. 3; Lfg. 46–48, S. 3
4 ro: Lfg. 1, S. (5); Lfg. 2, S. (3); Lfg. 9, S. (16); Lfg. 46–48, S. 3
4 mm: Lfg. 3, S. (13); Lfg. 24–25, S. 17; Lfg. 46–48, S. 4
4 rm: Lfg. 2, S. (3); Lfg. 9, S. (16)
5 mm: Lfg. 46–48, S. 3
6 ff.: Lfg. 3, S. (13)
7 bis 8: Lfg. 26, S. 13/22[62]
7 mo: Lfg. 3, S. (13)
7 rm: Lfg. 24–25, S. 17; Lfg. 26, S. 13/22[61]
7 ru: Lfg. 24–25, S. 17; Lfg. 26, S. 13/22[61]
8 mu: Lfg. 1, S. (7)
8 ru: Lfg. 1, S. (5)
10 lu: Lfg. 2, S. (4)
10 mu: Lfg. 24–25, S. 17

S. [31 (nicht S. 1334!)]
1330 mm: Lfg. 24–25, S. 14, S. 27;
Lfg. 46–48, S. 36
1330 rm: Lfg. 11–13, S. (38)

Zur Notausgabe das Notregister
In: Süddeutsche Zeitung
(Bock 1.2.69.03.19)

Lfg. 31, S. 12/20[129]

Bulwer-Lytton, Edward:
Dein Roman
60 Spielarten Englischen Daseins
Roman
Goverts: 1973
(Bock 1.6.18)

429: Lfg. 45, S. 3
1170: Lfg. 11–13, S. (15)

Bulwer-Lytton, Edward:
Was wird er damit machen?
Nachrichten aus dem Leben eines Lords
Roman
Goverts: 1971
(Bock 1.6.17)

[3]: Lfg. 31, S. 17/21[174]

Cooper, James F.:
Conanchet
oder die Beweinte von Wish-Ton-Wish
Goverts: 1962
(Bock 1.6.12)

Nachwort

669: Lfg. 35–36, S. 7
670 bis [676]: Lfg. 43–44, S. 8/22[48]
674: Lfg. 43–44, S. 8/22[49]
679: Lfg. 23, S. 10

Cooper, James F.:
Conanchet
oder die Beweinte von Wish-Ton-Wish
Fischer: 1972 (FTB 1287)
(Bock 1.6.12.1)

190: Lfg. 16, S. 16

JOYCE, STANISLAUS:
Meines Bruders Hüter
Mit einem Vorwort von T. S. Eliot und einer Einführung von Richard Ellmann
Suhrkamp: 1960
(Bock 1.6.9)

[3]: Lfg. 31, S. 11
266: Lfg. 40, S. 11

POE, EDGAR ALLAN:
WERKE I
ERSTE ERZÄHLUNGEN
GROTESKEN
ARABESKEN
DETEKTIVGESCHICHTEN
Walter: 1966
(Bock 1.6.16.0.1)

DAS EILAND UND DIE FEE

665: Lfg. 11–13, S. (31)

POE, EDGAR ALLAN:
WERKE II
PHANTASTISCHE FAHRTEN
FASZINATION DES GRAUENS
KOSMOS UND ESCHATOLOGIE
Walter: 1967
(Bock 1.6.16.0.2)

MANUSKRIPTFUND IN EINER FLASCHE

9: Lfg. 11–13, S. (14)

UMSTÄNDLICHER BERICHT DES ARTHUR GORDON PYM VON NANTUCKET
enthaltend [. . .]

132: Lfg. 7–8, S. (11)
326: Lfg. 2, S. (3); Lfg. 9, S. (16)
358: Lfg. 2, S. (3)
369: Lfg. 24–25, S. 12

HEUREKA
EIN ESSAY ÜBER DAS MATERIELLE & SPIRITUELLE UNIVERSUM

897: Lfg. 16, S. 21
900: Lfg. 20, S. 13
936: Lfg. 20, S. 12
939: Lfg. 20, S. 12
1014 bis 1015: Lfg. 20, S. [20]
1167: Lfg. 20, S. 12

2.3. Verzeichnis der zitierten Werke in alphabetischer Reihenfolge

Aufgeführt sind alle Werke aus dem vorigen Abschnitt, entweder als Einzelausgabe (dann folgt nur noch die Jahreszahl, in runden Klammern) oder als Text aus einem Sammelband mit Verweis (↗) auf den Sammelband. Die Übersetzungen stehen auch hier am Schluß. Zusätzliche Hinweise (z. B. auf Titelvarianten) sind durch „ – vgl." angeschlossen.

Abend mit Goldrand (1975) – vgl. auch: PHAROS [. . .] – vgl. auch: Evening [. . .]
Ach, wie gut, daß niemand weiß . . . ! (1964)
ALAS, POOR YORICK ↗ TROMMLER BEIM ZAREN (1966)
Albert Ehrenstein / ISKANDAHAR VON KANDAHAR (1961) – vgl. auch: VOM ISKANDER [. . .]
alexander oder / was ist wahrheit? ↗ die umsiedler (1953)
ALEXANDER / ODER / WAS IST WAHRHEIT ↗ ROSEN & PORREE (1959)
AMERIKA, DU HAST ES BESSER . . . ↗ DER TRITON MIT DEM SONNENSCHIRM (1969)
AM FERNROHR ↗ TROMMLER BEIM ZAREN (1966)
ANGRIA & GONDAL / DER TRAUM DER TAUBENGRAUEN SCHWESTERN ↗ DER TRITON MIT DEM SONNENSCHIRM (1969)
[APROPOS: AH!; PRO=POE] (1970)
Arno Schmidt antwortet: (1961)
ATHEIST?: ALLERDINGS! (1957)
Auf Arno Schmidts / „Rosen & Porree" (1960)
AUF ARNO SCHMIDT'S ‚ROSEN & PORREE' ↗ TROMMLER BEIM ZAREN (1966)
Auf dem Rücken erzählt (1956)
AUS DEM LEBEN EINES FAUNS ↗ AUS DEM LEBEN EINES FAUNS (1953)
Aus dem Leben eines Fauns ↗ Nobodaddy's Kinder (1963)
AUS DEM LEBEN EINES FAUNS (1973)
BEGEGNUNG MIT FOUQUÉ ↗ TROMMLER BEIM ZAREN (1966)
Belphegor oder: Wie ich Euch hasse (1959)
BELPHEGOR / ODER WIE ICH EUCH HASSE ↗ BELPHEGOR (1961)
Belphegor, oder Wie ich euch hasse ↗ Nachrichten von Büchern und Menschen / Band 1 (1971)
BERECHNUNGEN I ↗ ROSEN & PORREE (1959)
BERECHNUNGEN II ↗ ROSEN & PORREE (1959)
Berechnungen III (1980)
Brand's Haide ↗ Nobodaddy's Kinder (1963)
BRAND'S HAIDE (1974)
CALIBAN ÜBER SETEBOS ↗ KÜHE IN HALBTRAUER (1964)
Caliban über Setebos ↗ Orpheus (1970)

Cooper, der Lederstrumpf und Europa (1954)
Dankadresse zum Goethe-Preis 1973 (1973)
DAS BUCH JEDERMANN / JAMES JOYCE ZUM 25. TODESTAGE ↗ DER TRITON MIT DEM SONNENSCHIRM (1969)
DAS BUCH MORMON ↗ TROMMLER BEIM ZAREN (1966)
Das Haus in der Holetschkagasse (unveröffentlicht)
Das Land, aus dem man flüchtet (1957)
DAS STEINERNE HERZ ↗ DAS STEINERNE HERZ (1956)
Das steinerne Herz (1967)
DER ARME ANTON REISER (1955)
Der Autor und sein Material (1962)
Der Dichter und die Mathematik (1960)
DER FALL ASCHER ↗ DER TRITON MIT DEM SONNENSCHIRM (1969)
[Der goldgetränkte Himmel über mir] ↗ BRAND'S HAIDE (1951)
DER PLATZ, AN DEM ICH SCHREIBE ↗ TROMMLER BEIM ZAREN (1966)
DER RITTER VOM GEIST ↗ DIE RITTER VOM GEIST (1965)
DER SANFTE UNMENSCH / EINHUNDERT JAHRE NACHSOMMER ↗ DYA NA SORE (1958)
Der sanfte Unmensch / Einhundert Jahre Nachsommer ↗ Nachrichten von Büchern und Menschen / Band 2 (1971)
DER SONN' ENTGEGEN . . . ↗ KÜHE IN HALBTRAUER (1964)
Der Sonn' entgegen ↗ Orpheus (1970)
DER TRITON MIT DEM SONNENSCHIRM / (ÜBERLEGUNGEN ZU EINER LESBARMACHUNG VON „FINNEGANS WAKE") ↗ DER TRITON MIT DEM SONNENSCHIRM (1969)
DER TRITON MIT DEM SONNENSCHIRM / (ÜBERLEGUNGEN ZU EINER LESBARMACHUNG VON „FINNEGANS WAKE") ↗ NACHRICHTEN AUS DEM LEBEN EINES LORDS (1975)
„DER TITEL ALLER TITEL!" ↗ DER TRITON MIT DEN SONNENSCHIRM (1969)
DER WALDBRAND / ODER VOM GRINSEN DES WEISEN ↗ BELPHEGOR (1961)
[Der Wolken Irregang] ↗ die umsiedler (1953)
Der Zauberer von Helmstedt (unveröffentlicht)
Dichter & ihre Gesellen: JULES VERNE ↗ TROMMLER BEIM ZAREN (1966)
Dichter & ihre Gesellen: Jules Verne (1967)
DIE ABENTEUER DER SYLVESTERNACHT ↗ KÜHE IN HALBTRAUER (1964)
Die Abenteuer der Sylvesternacht ↗ Orpheus (1970)
Die aussterbende Erzählung (1955)
DIE GELEHRTENREPUBLIK (1957)

2.4. Verzeichnis der zitierten Ausgaben in der Reihenfolge ihres Erscheinens

Die 6stellige Schlüsselangabe bedeutet in je zwei Stellen das Jahr, den Monat und den Tag der Veröffentlichung. Fehlende Angaben sind durch Punkte ersetzt und führen in der Reihenfolge zur Nachstellung. Am Schluß stehen die unveröffentlichten Werke in alphabetischer Reihenfolge.

4909 . . LEVIATHAN
5110 . . BRAND'S HAIDE
530112 Die letzte Ausflucht
5308 . . AUS DEM LEBEN EINES FAUNS
53 . . . . die umsiedler
540911 Cooper, der Lederstrumpf und Europa
550115 [Noten auf rotem Grund]
550115 Seelandschaft mit Pocahontas
550401 DER ARME ANTON REISER
550415 Die aussterbende Erzählung
550430 Tausend Zungen
5506 . . FONTANE UND DER ESKIMO
551028 Geschenkte Weile
560512 Auf dem Rücken erzählt
560515 Die Handlungsreisenden
560701 Todesstrafe bei Sonnenschein
5610 . . DAS STEINERNE HERZ
561219 Große Herren wissen manches nicht
570207 Der Schriftsteller und die Politik
570406 Geschichten von der Insel Man
570427 Die Sorte der Struwwelpeter
571024 Das Land, aus dem man flüchtet
571026 Ulysses in Deutschland
5710 . . DIE GELEHRTENREPUBLIK
57 . . . . ATHEIST?: ALLERDINGS!
580124 Die Meisterdiebe
580320 Flüchtlinge, o Flüchtlinge!
580410 Hände weg vom Lexikon!
580501 Geschichten von der Insel Man
581002 Was soll ich tun?
5811 . . DYA NA SORE
590416 Legende vom braven Mann
590627 Finster war's, der Mond schien helle
590701 Belphegor oder: Wie ich Euch hasse
590725 Geschichten von der Insel Man
591001 Haltet ihn!

59 . . . . ROSEN & PORREE
600115 VOM ISKANDER ZUM ALEXANDER
600414 Auf Arno Schmidts / „Rosen & Porree"
600909 Der Dichter und die Mathematik
601115 Windmühlen
601209 Seines Bruders Schmäher
60 . . . . FOUQUÉ / UND EINIGE SEINER ZEITGENOSSEN
60 . . . . KAFF / auch / MARE CRISIUM
60 . . . . JOYCE, STANISLAUS: Meines Bruders Hüter
610808 Wer schützt die Autoren vor ihren Erben?
610908 Geschichten von der Insel Man
610915 Die Struwwelpeter
611027 Arno Schmidt antwortet:
61 . . . . Albert Ehrenstein / ISKANDAR VON KANDAHAR
61 . . . . BELPHEGOR
6205 . . Großer Kain!
621215 Der Autor und sein Material
621230 350 Seiten über Karl May
62 . . . . Cooper, James F.: Conanchet
6305 . . Nobodaddy's Kinder
631108 Unsterblichkeit für Amateure
63 . . . . DER SANFTE UNMENSCH
63 . . . . Leviathan
63 . . . . SITARA / UND DER WEG DORTHIN
640117 Ach, wie gut, daß niemand weiß . . . !
640205 100 SIND ZU VIEL!
640516 In Stiefeln sterben
6405 . . KÜHE IN HALBTRAUER
640603 EIN VIR QUADRATUS
64 . . . . Die moderne Literatur und das deutsche Publikum
64 . . . . [Schwierigkeiten heute die Wahrheit zu schreiben]
650319 Zur Notausgabe das Notregister
650515 Ein Toast für Nummer 104
650604 Meine Bibliothek
6508 . . DIE GELEHRTENREPUBLIK
65 . . . . Eines Hähers: „TUÉ!" und 1014 fallend.
65 . . . . DIE RITTER VOM GEIST
6602 . . Seelandschaft mit Pocahontas
6602 . . Tina / oder über die Unsterblichkeit
66 . . . . TROMMLER BEIM ZAREN
66 . . . . POE, EDGAR ALLAN: WERKE I
6704 . . Eberhard Schlotter, / Das zweite Programm
6705 . . Das steinerne Herz

67 . . . . Dichter & ihre Gesellen: Jules Verne
67 . . . . POE, EDGAR ALLAN: WERKE II
6902 . . Sitara / und der Weg dorthin
690614 Magnus nascitur ordo
6910 . . Panorama von ZETTELS TRAUM
69 . . . . DER TRITON MIT DEM SONNENSCHIRM
700420 [APROPOS: AH!; PRO=POE]
7004 . . ZETTEL'S TRAUM
7010 . . Orpheus
7102 . . Nachrichten von Büchern und Menschen / Band 1
7109 . . Nachrichten von Büchern und Menschen / Band 2
71 . . . . Bulwer-Lytton, Edward: Was wird er damit machen?
7203 . . Die Schule der Atheisten
7208 . . Cooper, James F.: Conanchet
72 . . . . Geschichten von der Insel Man
7306 . . AUS DEM LEBEN EINES FAUNS
730829 Dankadresse zum Goethe-Preis 1973
73 . . . . Bulwer-Lytton, Edward: Dein Roman
7401 . . BRAND'S HAIDE
7406 . . LEVIATHAN / UND / SCHWARZE SPIEGEL
7508 . . NACHRICHTEN AUS DEM LEBEN EINES LORDS
7509 . . Abend mit Goldrand
7510 . . PHAROS, oder von der Macht der Dichter
7608 . . SCHWÄNZE
7709 . . VORLÄUFIGES ZU ZETTELS TRAUM
7901 . . [Grauqualmende Nebel umfeuchten]
8006 . . Berechnungen III
80 . . . . Evening Edged in Gold
Das Haus in der Holetschkagasse
Der Zauberer von Helmstedt
Die Wundertüte
Guglielmo
Lilienthal
Papa Luna
Sataspes
Stützpunkt
Unsichtbare Magd

Sonderlieferungen zum Bargfelder Boten

(Die Sonderlieferungen wurden in dem Register nicht berücksichtigt.)

Hans-Michael Bock
Bibliografie Arno Schmidt
1949–1978
Zweite, erweiterte Auflage
273 Seiten, DM 34,–
ISBN 3-88377-020-5

Otfried Boenicke
Mythos und Psychoanalyse in
„Abend mit Goldrand“
39 Seiten, DM 6,–
(für Bezieher des BB DM 4,80)
ISBN 3-88377-041-8

Jörg Drews,
Hans-Michael Bock
Der Solipsist in der Heide
200 Seiten, DM 22,–
ISBN 3-88377-008-6

Josef Huerkamp
Erläuterungen, Materialien & Register
zu Arno Schmidts „Sitara und der Weg dorthin“
71 Seiten, DM 12,50
(für Bezieher des BB DM 9,20)
ISBN 3-88377-032-9

Josef Huerkamp
„Gekettet an Daten & Namen“
Drei Studien zum ‚authentischen‘ Erzählen in der
Prosa Arno Schmidts
432 Seiten, DM 68,–
(für Bezieher des BB DM 56,–)
(ISBN 3-88377-082-5)
(erscheint im Juni 1981)

Josef Huerkamp
Nr. 8
Materialien und Kommentar zu Arno Schmidts
„Das steinerne Herz“
245 Seiten, DM 41,–
(für Bezieher des BB DM 34,–)
ISBN 3-88377-033-7

Barbara Malchow
„Schärfste Wortkonzentrate“
Untersuchungen zum Sprachstil Arno Schmidts
260 Seiten, DM 46,–
(für Bezieher des BB DM 37,–)
ISBN 3-88377-059-0

Leibl Rosenberg
Das Hausgespenst
Ein begleitendes Handbuch zu Arno Schmidt
„Die Schule der Atheisten“

Band 1, 440 Seiten, DM 48,–
(für Bezieher des BB DM 38,–)
ISBN 3-921402-43-3

Band 2, 317 Seiten, DM 38,–
(für Bezieher des BB DM 32,–)
ISBN 3-88377-021-3

Werner Schwarze
Ägyptologie in „Caliban über Setebos“
Ein Deutungsversuch
65 Seiten, DM 14,–
(für Bezieher des BB DM 10,50)
ISBN 3-88377-060-4

Klaus Seehafer
Samuel Christian Pape, Werke
56 Seiten, DM 12,–
(für Bezieher des BB DM 10,50)
ISBN 3-921402-07-7

Dieter Stündel
Register zu Zettels Traum
Loseblattwerk mit Plastikordner
einschließlich 1. Nachlieferung
596 Seiten, DM 82,50
ISBN 3-921402-38-7

Hartwig Suhrbier
Zur Prosatheorie von Arno Schmidt
59 Seiten, DM 9,50
(für Bezieher des BB DM 7,–)
ISBN 3-88377-032-9

Horst Thomé
Natur und Geschichte im Frühwerk Arno Schmidts
ca. 250 Seiten, ca. DM 32,–
(für Bezieher des BB ca. DM 27,–)
ISBN 3-88377-080-9
(erscheint im Sommer 1981)